Solomon Schechter Day Schools
מתו״ק
Bible Curriculum

מתו״ק – מֵיזָם תנכ״י קונסרבטיבי

CET
Learning Environments

סִפּוּרֵי יוֹסֵף

חֵלֶק ב

פָּרָשַׁת מִקֵּץ - פָּרָשַׁת וַיִּגַּשׁ - פָּרָשַׁת וַיְחִי

חוֹבֶרֶת לְמִידָה

MaToK: The Bible Curriculum Project of the Solomon Schechter Day Schools
A joint project of
The United Synagogue of Conservative Judaism and
The Jewish Theological Seminary of America
MaToK is made possible by a generous grant from the
Jim Joseph Foundation

Project Directors:
Dr. Robert Abramson, Director
Department of Education, United Synagogue of Conservative Judaism

Dr. Steven M. Brown, Director
Melton Research Center for Jewish Education
The Jewish Theological Seminary of America

Dr. Deborah Uchill Miller, Project Director and Editor

All correspondence and inquiries should be directed to the Department
of Education, United Synagogue of Conservative Judaism,
155 Fifth Ave., NY, NY 10010

●

Edited and Produced by CET-LE Team:

Project Director and Pedagogical Editor: Zohar Harkov
Linguistic Editor: Shoshi Miran

Graphic Designer: Yael Rimon
Illustrations: Udi Taub, Studio Aesthetics
Computers and DTP Assistance: Roni Meiron

Publishing Coordinator: Gadi Nachmias

CET-LE Learning Environments, for the home (2002) Ltd, 16 Klausner St.
P.O.B. 39513, Tel-Aviv 61394, Israel
Tel. 972-3-6460165, http://www.cet.ac.il

ISBN: 0-8381-0078-3

Printed in Israel

We gratefully acknowledge the guidance of The MaToK Deliberation Team:

Charlotte Abramson, Solomon Schechter Day School of Essex and Union
Dr. Bonnie Botel-Sheppard, Penn-Literacy Network
Rabbi Neil Gillman, Jewish Theological Seminary of America
Charlotte Glass, Solomon Schechter Day Schools of Chicago
Dr. Tikva Frymer-Kensky (z"l), University of Chicago
Dr. Kathryn Hirsh-Pasek, Temple University
Dr. Steven Lorch, Solomon Schechter Day Schools of Manhattan
Dr. Ora Horn Prouser, Academy for Jewish Religion, New York
Rabbi Benjamin Scolnic, Temple Beth Sholom, Hamden, CT

Curriculum Writers:

Head Writers: Marcia Lapidus Kaunfer
Ellen J. Rank

Charlotte Abramson
Gila Azrad
Rabbi Greta Brown
Mimi Brandwein
Heather Fiedler
Rebecca Friedman
Orly Gonen
Rabbi Pamela Gottfried
Penina Grossberg
Sally Hendelman

Rabbi Brad Horwitz
Rabbi Elana Kanter
Naamit Kurshan
Dr. Deborah Uchill Miller
Ellen Rank
Ami Sabari
Rabbi Jon Spira-Savett
Miriam Taub
Laura Wiseman

We are grateful for the help of the following Bible scholars:
Dr. Stephen Garfinkel, Jewish Theological Seminary of America
Dr. Robert A. Harris, Jewish Theological Seminary of America
Dr. Gary Rendsburg, Rutgers University

Artwork: Experimental edition
Arielle Miller-Timen, Karen Ostrove

Translation:
Michele Alperin, Mira Bashan, Dahlia Helfgott-Hai, Hannah Livneh, Micki Targum

We wish to thank the following for permission to reprint:
Davkawriter: Images of Israel: © 2001
Persky Elias, *Haver LaTorah*, New York: KTAV Publishing, 1964.
Weintraub, Simkha, *Five Easy Steps to "Cracking" Almost any Rashi*.

תֹכֶן הָעִנְיָנִים

פָּרָשַׁת מִקֵּץ

פָּרָשַׁת וַיִּגַּשׁ

פָּרָשַׁת וַיְחִי

פָּרָשַׁת מִקֵּץ

רָעָב בָּאָרֶץ
פֶּרֶק מ"ב פְּסוּקִים א׳–ה׳

א׳   וַיַּרְא יַעֲקֹב כִּי יֶשׁ-שֶׁבֶר[1] בְּמִצְרָיִם,

וַיֹּאמֶר יַעֲקֹב לְבָנָיו: "לָמָּה תִּתְרָאוּ[2]."

ב׳   וַיֹּאמֶר: "הִנֵּה שָׁמַעְתִּי

כִּי יֶשׁ-שֶׁבֶר בְּמִצְרָיִם,

רְדוּ-שָׁמָּה וְשִׁבְרוּ[3]-לָנוּ מִשָּׁם

וְנִחְיֶה וְלֹא נָמוּת."

ג׳   וַיֵּרְדוּ אֲחֵי-יוֹסֵף עֲשָׂרָה,

לִשְׁבֹּר[4] בָּר[5] מִמִּצְרָיִם.

[1]	**שֶׁבֶר:** אֹכֶל
[2]	**תִּתְרָאוּ:** תִּפְחֲדוּ stare at one another
[3]	**וְשִׁבְרוּ** (ש-ב-ר): תִּקְנוּ שֶׁבֶר (אֹכֶל) get food
[4]	**לִשְׁבֹּר** (ש-ב-ר): לִקְנוֹת אֹכֶל
[5]	**בָּר:** תְּבוּאָה (אֹכֶל) grain

ד׳ וְאֶת-בִּנְיָמִין אֲחִי יוֹסֵף
לֹא-שָׁלַח יַעֲקֹב אֶת-אֶחָיו,
כִּי אָמַר: ״פֶּן[6]-יִקְרָאֶנּוּ אָסוֹן[7].״

ה׳ וַיָּבֹאוּ בְּנֵי יִשְׂרָאֵל לִשְׁבֹּר[8] בְּתוֹךְ הַבָּאִים,
כִּי-הָיָה הָרָעָב[9] בְּאֶרֶץ כְּנָעַן.

6 **פֶּן:** or else

7 **יִקְרָאֶנּוּ אָסוֹן:** יִקְרֶה לוֹ דָּבָר רַע
disaster happenes to him

8 **לִשְׁבֹּר** (ש-ב-ר): לִקְנוֹת שֶׁבֶר (אֹכֶל)

9 **רָעָב:** אֵין מָה לֶאֱכֹל famine

7

בְּעִקְבוֹת הַכָּתוּב בַּתּוֹרָה (פְּסוּקִים א'-ה')

בְּבַקָּשָׁה:

1. **הַקִּיפוּ** בְּמַעְגָּל בְּעַמּוּדִים 6–7 אֶת הַשֹּׁרֶשׁ הַחוֹזֵר **ש-ב-ר**.

2. **סַמְּנוּ** בְּצֶבַע צָהֹב אֶת כָּל הַדְּבָרִים שֶׁיַּעֲקֹב אוֹמֵר.

3. מָה יַעֲקֹב מְבַקֵּשׁ מִבָּנָיו?

4. **סַמְּנוּ** בְּצֶבַע וָרֹד:

- מָה יֵשׁ בְּאֶרֶץ מִצְרַיִם? (פָּסוּק א')
- מָה יֵשׁ בְּאֶרֶץ כְּנַעַן? (פָּסוּק ה')

5. לְיַעֲקֹב 12 בָּנִים. לָמָּה יָרְדוּ לְמִצְרַיִם רַק 10?

כִּי

6. לָמָּה יַעֲקֹב לֹא שָׁלַח אֶת בִּנְיָמִין?

לַחְשֹׁב... לִשְׁאֹל... לְהַבִּיעַ דֵּעָה... (פְּסוּקִים א'-ה')

שְׁאֵלַת אֶתְגָּר

1 **סַמְּנוּ** בְּעַמּוּד 6 בְּצֶבַע יָרֹק אֶת הַכִּנּוּי שֶׁל בְּנֵי יַעֲקֹב. (פָּסוּק ג')

(comment)

1א. **שַׁאֲלוּ** שְׁאֵלָה אוֹ **כִּתְבוּ** הֶעָרָה עַל הַכִּנּוּי שֶׁל בְּנֵי יַעֲקֹב:

____

____

1ב. עֲנוּ עַל הַשְּׁאֵלָה שֶׁשְּׁאַלְתֶּם:

כִּי ____

____

שְׁאֵלַת אֶתְגָּר

2 **סַמְּנוּ** בְּעַמּוּד 7 בְּצֶבַע כָּחֹל אֶת הַכִּנּוּי שֶׁל בִּנְיָמִין (פָּסוּק ד').

2א. לָמָּה כָּתוּב גַּם "בִּנְיָמִין" וְגַם "אֲחִי-יוֹסֵף", לְדַעְתְּכֶם?

כִּי ____

____

____

(similar)

3 מָה דּוֹמֶה בַּחַיִּים שֶׁל בִּנְיָמִין לַחַיִּים שֶׁל יוֹסֵף? (3 דְּבָרִים)

- ____________________
- ____________________
- ____________________

(if I were)

4 אִלּוּ הָיִיתִי יַעֲקֹב – **בַּחֲרוּ וְהַסְבִּירוּ:**

(I would)

- הָיִיתִי שׁוֹלֵחַ אֶת בִּנְיָמִין כִּי ____________________

____

____

- לֹא הָיִיתִי שׁוֹלֵחַ אֶת בִּנְיָמִין כִּי ____________________

____

____

(toward)

5 מָה יַעֲקֹב מַרְגִּישׁ כְּלַפֵּי 10 הַבָּנִים שֶׁלּוֹ, לְדַעְתְּכֶם?

____

____

____

יוֹסֵף מַכִּיר אֶת אֶחָיו

פֶּרֶק מ"ב פְּסוּקִים ו'-ט'

ו' וְיוֹסֵף הוּא הַשַּׁלִּיט[1] עַל-הָאָרֶץ
הוּא הַמַּשְׁבִּיר[2] לְכָל-עַם הָאָרֶץ,
וַיָּבֹאוּ אֲחֵי יוֹסֵף וַיִּשְׁתַּחֲווּ-לוֹ אַפַּיִם[3] אָרְצָה.

ז' וַיַּרְא יוֹסֵף אֶת-אֶחָיו וַיַּכִּרֵם[4],
וַיִּתְנַכֵּר[5] אֲלֵיהֶם
וַיְדַבֵּר אִתָּם קָשׁוֹת[6]
וַיֹּאמֶר אֲלֵהֶם: "מֵאַיִן בָּאתֶם?"
וַיֹּאמְרוּ: "מֵאֶרֶץ כְּנַעַן לִשְׁבָּר-אֹכֶל."

ח' וַיַּכֵּר[7] יוֹסֵף אֶת-אֶחָיו,
וְהֵם לֹא הִכִּרֻהוּ[8].

ט' וַיִּזְכֹּר[9] יוֹסֵף אֵת הַחֲלֹמוֹת אֲשֶׁר חָלַם לָהֶם...

1 **הַשַּׁלִּיט** (ש-ל-ט): הַמּוֹשֵׁל the ruler
2 **הַמַּשְׁבִּיר** (ש-ב-ר): הָאִישׁ שֶׁנּוֹתֵן שֶׁבֶר (אֹכֶל) the provider
3 **אַפַּיִם**: עַל הַפָּנִים
4 **וַיַּכִּרֵם** (נ-כ-ר): הוּא הִכִּיר אוֹתָם
5 **וַיִּתְנַכֵּר** (נ-כ-ר): acted like a stranger
6 **קָשׁוֹת**: מִלִּים קָשׁוֹת harshly
7 **וַיַּכֵּר** (נ-כ-ר): הוּא הִכִּיר
8 **לֹא הִכִּרֻהוּ** (נ-כ-ר): לֹא הִכִּירוּ אוֹתוֹ didn't recognize him
9 **וַיִּזְכֹּר** (ז-כ-ר): הוּא זָכַר

בְּעִקְבוֹת הַכָּתוּב בַּתּוֹרָה (פְּסוּקִים ו'-ט')

בְּבַקָּשָׁה:

1 **סַמְּנוּ** בְּעַמּוּד 11 קַו מִתַּחַת לַמִּלִּים שֶׁיֵּשׁ בָּהֶן "**אח**".

2 **סַמְּנוּ** בְּצֶבַע וָרֹד אֶת הַמִּלִּים מִן הַשֹּׁרֶשׁ **נ-כ-ר**.

2א. פַּעֲמַיִם כָּתוּב שֶׁיּוֹסֵף מַכִּיר אֶת הָאַחִים אֲבָל הֵם לֹא מַכִּירִים אוֹתוֹ.

לָמָּה, לְדַעְתְּכֶם?

כִּי ______________________________

____

2ב. **הַשְׁלִימוּ:** יוֹסֵף הָאַחִים

______ מַכִּיר אֶת ______

______ מִתְנַכֵּר אֶל ______

______ לֹא מַכִּירִים אֶת ______

2ג. לָמָּה הָאַחִים **לֹא מַכִּירִים** אֶת יוֹסֵף, לְדַעְתְּכֶם?

____

2ד. לָמָּה יוֹסֵף **מִתְנַכֵּר** לְאֶחָיו, לְדַעְתְּכֶם? (כִּתְבוּ יוֹתֵר מִתְּשׁוּבָה אַחַת.)

אוּלַי כִּי ____________________

____

אוּלַי כִּי ____________________

____

3 **הַקִּיפוּ** (בְּמַעְגָּל) אֶת הַמִּלִּים מִן הַשֹּׁרֶשׁ **ש-ב-ר**.

3א. **הַשְׁלִימוּ** בִּלְשׁוֹן הַתּוֹרָה.

- הַתַּפְקִיד שֶׁל יוֹסֵף בְּמִצְרַיִם הוּא:

"____________________" (פָּסוּק _____)

- הָאַחִים בָּאוּ לְמִצְרַיִם כְּדֵי "____________________" (פָּסוּק _____)

4 **סַמְּנוּ** בְּעַמּוּד 11 בְּצֶבַע יָרֹק אֶת דִּבְרֵי יוֹסֵף.

5 **סַמְּנוּ** בְּצֶבַע כָּחֹל אֶת דִּבְרֵי הָאַחִים.

6 מִי מִשְׁתַּחֲוֶה לְמִי?

- בְּפֶרֶק ל"ז פָּסוּק ז': ____________________
- בְּפֶרֶק ל"ז פָּסוּק ט': ____________________
- בְּפֶרֶק מ"ב פָּסוּק ו': ____________________

7 בְּפֶרֶק מ"ב פָּסוּק ט' כָּתוּב: "וַיִּזְכֹּר יוֹסֵף אֵת הַחֲלֹמוֹת אֲשֶׁר חָלַם לָהֶם..."

מָה מַזְכִּיר לְיוֹסֵף אֶת הַחֲלוֹמוֹת? ______________________

____

7א. מָה יוֹסֵף חוֹשֵׁב עַל הַחֲלוֹמוֹת שֶׁלּוֹ? ______________________

____

8 **צַיְּרוּ** לְיוֹסֵף 2 מַסֵּכוֹת: (masks)

אֵיךְ הוּא מִתְנַהֵג

1

מָה בֶּאֱמֶת הוּא מַרְגִּישׁ

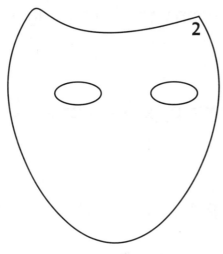

8א. אַתֶּם יוֹסֵף. שִׂימוּ מַסֵּכָה 2 .
מָה אַתֶּם אוֹמְרִים לָאַחִים?

____

____

____

____

14

(accuses)

יוֹסֵף מַאֲשִׁים אֶת אֶחָיו

פֶּרֶק מ"ב פְּסוּקִים ט'-י"ג

ט' ... וַיֹּאמֶר אֲלֵהֶם:
"מְרַגְּלִים[1] אַתֶּם
לִרְאוֹת אֶת-עֶרְוַת הָאָרֶץ[2] בָּאתֶם."

י' וַיֹּאמְרוּ אֵלָיו:
"לֹא אֲדֹנִי,
וַעֲבָדֶיךָ בָּאוּ לִשְׁבָּר-אֹכֶל.

י"א כֻּלָּנוּ בְּנֵי אִישׁ-אֶחָד נָחְנוּ[3],
כֵּנִים[4] אֲנַחְנוּ
לֹא-הָיוּ עֲבָדֶיךָ מְרַגְּלִים."

י"ב וַיֹּאמֶר אֲלֵהֶם:
"לֹא כִּי-עֶרְוַת הָאָרֶץ בָּאתֶם לִרְאוֹת."

י"ג וַיֹּאמְרוּ:
"שְׁנֵים עָשָׂר עֲבָדֶיךָ אַחִים אֲנַחְנוּ
בְּנֵי אִישׁ-אֶחָד בְּאֶרֶץ כְּנָעַן,
וְהִנֵּה הַקָּטֹן אֶת-אָבִינוּ[5] הַיּוֹם וְהָאֶחָד אֵינֶנּוּ[6]."

1 **מְרַגְּלִים** (ר-ג-ל)**:** spies
2 **עֶרְוַת הָאָרֶץ:** the barrenness of the land
3 **נָחְנוּ:** אֲנַחְנוּ
4 **כֵּנִים:** אוֹמְרִים דִּבְרֵי אֱמֶת honest
5 **אֶת-אָבִינוּ:** עִם אָבִינוּ
6 **אֵינֶנּוּ:** is no more

בְּעִקְבוֹת הַכָּתוּב בַּתּוֹרָה (פְּסוּקִים ט'-י"ג)

בְּבַקָּשָׁה:

1 סַמְּנוּ בְּעַמוּד 15 בְּצֶבַע יָרֹק אֶת דִּבְרֵי יוֹסֵף.

2 סַמְּנוּ בְּצֶבַע כָּחֹל אֶת דִּבְרֵי הָאַחִים.

(accuses)

3 יוֹסֵף מַאֲשִׁים אֶת אֶחָיו. הוּא אוֹמֵר שֶׁהֵם _____

4 מָה הַכִּנּוּי?

• הָאַחִים קוֹרְאִים לְיוֹסֵף _____ (פָּסוּק י')

• הָאַחִים קוֹרְאִים לְעַצְמָם _____ (פָּסוּק י"ג)

"הַד" מִסְפּוּר אַחֵר

(the same)

4א. מִי עוֹד הִשְׁתַּמֵּשׁ בְּאוֹתָם הַכִּנּוּיִים (בְּסִפּוּר אַחֵר)? לָמָה?

_____

4ב. **הַשְׁלִימוּ** אֶת הַשֵּׁמוֹת וְאֶת הַכִּנּוּיִים: (**פֶּרֶק ל"ב** פְּסוּקִים ד'-ה')

_____ פּוֹחֵד כַּאֲשֶׁר הוּא הוֹלֵךְ לִפְגֹּשׁ אֶת

(calls himself)

וּמְכַנֶּה אֶת עַצְמוֹ " _____ " וְאֶת אָחִיו " _____ ".

4ג. אֵיךְ יַעֲקֹב מַרְגִּישׁ כַּאֲשֶׁר הוּא קוֹרֵא לְעַצְמוֹ כָּךְ, לְדַעְתְּכֶם?

4ד. אֵיךְ הָאַחִים מַרְגִּישִׁים כַּאֲשֶׁר הֵם קוֹרְאִים לְעַצְמָם כָּךְ, לְדַעְתְּכֶם?

5 מָה הָאַחִים מְסַפְּרִים לְיוֹסֵף עַל הַמִּשְׁפָּחָה? (פָּסוּק י"ג)

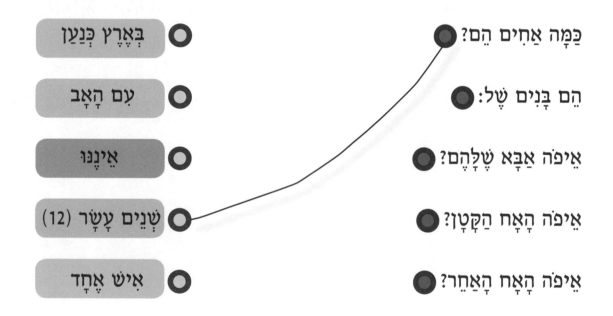

כַּמָּה אַחִים הֵם?	בְּאֶרֶץ כְּנַעַן
הֵם בָּנִים שֶׁל:	עִם הָאָב
אֵיפֹה אַבָּא שֶׁלָּהֶם?	אֵינֶנּוּ
אֵיפֹה הָאָח הַקָּטָן?	שְׁנֵים עָשָׂר (12)
אֵיפֹה הָאָח הָאַחֵר?	אִישׁ אֶחָד

5א. יוֹסֵף שׁוֹמֵעַ עַל הַמִּשְׁפָּחָה שֶׁלּוֹ. מָה מְשַׂמֵּחַ אוֹתוֹ בְּיוֹתֵר, לְדַעְתְּכֶם? מַדּוּעַ?

6 לָמָּה הָאַחִים מַזְכִּירִים אֶת "הָאָח הַקָּטָן", לְדַעְתְּכֶם?

____

____

7 מִי לְמַעְלָה? ↑ מִי לְמַטָּה? ↓

בְּפֶרֶק ל"ז: יוֹסֵף הָיָה ____________ הָאַחִים הָיוּ ____________

בְּפֶרֶק מ"ב: יוֹסֵף נִמְצָא ____________ הָאַחִים נִמְצָאִים ____________

יוֹסֵף כּוֹתֵב בְּיוֹמָנוֹ

(מָה הוּא חוֹשֵׁב? מָה הוּא מַרְגִּישׁ? מָה הוּא רוֹצֶה לְהַגִּיד? מָה הוּא רוֹצֶה לִשְׁאֹל?)

אֲנִי עוֹמֵד מוּל אַחַי ____________________________

____

____

____

____

____

____

הַמִּבְחָן שֶׁל הָאַחִים

פֶּרֶק מ"ב פְּסוּקִים י"ד-י"ז

י"ד וַיֹּאמֶר אֲלֵהֶם יוֹסֵף:
"הוּא אֲשֶׁר דִּבַּרְתִּי אֲלֵכֶם לֵאמֹר:
'מְרַגְּלִים אַתֶּם'.

ט"ו בְּזֹאת תִּבָּחֵנוּ[1],
חֵי פַרְעֹה[2] אִם-תֵּצְאוּ מִזֶּה[3]
כִּי אִם[4]-בְּבוֹא אֲחִיכֶם הַקָּטֹן הֵנָּה.

ט"ז שִׁלְחוּ מִכֶּם אֶחָד
וְיִקַּח אֶת-אֲחִיכֶם וְאַתֶּם הֵאָסְרוּ[5]
וְיִבָּחֲנוּ דִּבְרֵיכֶם[6] הַאֱמֶת אִתְּכֶם[7],
וְאִם-לֹא
חֵי פַרְעֹה כִּי מְרַגְּלִים אַתֶּם."

1 **בְּזֹאת תִּבָּחֵנוּ** (ב-ח-נ): by this you shall be tested

2 **חֵי פַּרְעֹה:** (I swear) by the life of Pharaoh

3 **אִם-תֵּצְאוּ מִזֶּה:** לֹא תֵּצְאוּ מִן הַמָּקוֹם הַזֶּה
you won't get out

4 **כִּי אִם:** unless

5 **הֵאָסְרוּ** (א-ס-ר): שְׁבוּ בְּבֵית הַסֹּהַר stay in jail

6 **וְיִבָּחֲנוּ** (ב-ח-נ) **דִּבְרֵיכֶם:**
your words will be tested

7 **הַאֱמֶת אִתְּכֶם:** whether the truth is with you

י״ז וַיֶּאֱסֹף[8] אֹתָם אֶל-מִשְׁמָר[9] שְׁלֹשֶׁת יָמִים.

8 וַיֶּאֱסֹף (א-ס-פ): הוּא הִכְנִיס brought them in	
9 אֶל-מִשְׁמָר: אֶל בֵּית הַסֹּהַר	

בְּעִקְבוֹת הַכָּתוּב בַּתּוֹרָה (פְּסוּקִים י"ד-י"ז)

בְּבַקָּשָׁה:

1 **סַמְּנוּ** בְּעַמּוּד 19 בְּצֶבַע יָרֹק אֶת הַמִּלִּים מִן הַשֹּׁרֶשׁ **ב-ח-נ.**

(tested)

2 מִי בּוֹחֵן אֶת מִי?

____

3 כַּמָּה אַחִים? **כִּתְבוּ** אֶת הַמִּסְפָּרִים: (פָּסוּק ט"ז)

☐ הוֹלֵךְ לְהָבִיא אֶת הָאָח הַקָּטָן.

☐ הוֹלְכִים לְבֵית הַסֹּהַר.

4 מָה הָאַחִים צְרִיכִים לַעֲשׂוֹת כְּדֵי לָצֵאת מִבֵּית הַסֹּהַר?

____

5 לָמָּה יוֹסֵף שָׂם אֶת הָאַחִים בְּבֵית הַסֹּהַר לְ־3 **יָמִים**, לְדַעְתְּכֶם?

(כִּתְבוּ יוֹתֵר מִתְּשׁוּבָה אַחַת.)

____

____

____

לַחְשֹׁב... לִשְׁאֹל... לְהַבִּיעַ דֵּעָה... (פְּסוּקִים י"ד-י"ז)

(argument)

1 **כִּתְבוּ** וִכּוּחַ בֵּין הָאַחִים:

לְהָבִיא אֶת בִּנְיָמִין	לֹא לְהָבִיא אֶת בִּנְיָמִין
כִּי ______	כִּי ______

לְדַעְתִּי ______

יוֹסֵף כּוֹתֵב בְּיוֹמָנוֹ

בְּמֶשֶׁךְ שְׁלוֹשָׁה יָמִים ______

בַּיּוֹם הַשְּׁלִישִׁי בְּבֵית הַסֹּהַר

פֶּרֶק מ"ב פְּסוּקִים י"ח-כ'

י"ח וַיֹּאמֶר אֲלֵהֶם יוֹסֵף בַּיּוֹם הַשְּׁלִישִׁי:
"זֹאת עֲשׂוּ וִחְיוּ[1],
אֶת-הָאֱ-לֹהִים אֲנִי יָרֵא[2].

י"ט אִם-כֵּנִים[3] אַתֶּם
אֲחִיכֶם אֶחָד[4] יֵאָסֵר[5] בְּבֵית מִשְׁמַרְכֶם,
וְאַתֶּם לְכוּ הָבִיאוּ שֶׁבֶר רַעֲבוֹן[6] בָּתֵּיכֶם.

כ' וְאֶת-אֲחִיכֶם הַקָּטֹן תָּבִיאוּ אֵלַי
וְיֵאָמְנוּ דִבְרֵיכֶם[7] וְלֹא תָמוּתוּ,"
וַיַּעֲשׂוּ-כֵן.

1 **וִחְיוּ:** וְאַתֶּם תִּחְיוּ
you will remain alive

2 **יָרֵא:** fear

3 **כֵּנִים:** אַנְשֵׁי אֱמֶת honest

4 **אֲחִיכֶם אֶחָד:** אָח אֶחָד שֶׁלָּכֶם

5 **יֵאָסֵר** (א-ס-ר): יִהְיֶה בְּבֵית הַסֹּהַר

6 **רַעֲבוֹן:** famine

7 **וְיֵאָמְנוּ דִבְרֵיכֶם:**
if your words are proven truthful

בְּעִקְבוֹת הַכָּתוּב בַּתּוֹרָה (פְּסוּקִים י"ח-כ')

בְּבַקָּשָׁה:

1. **סַמְּנוּ** בְּעַמּוּד 23 בְּצֶבַע יָרֹק אֶת דִּבְרֵי יוֹסֵף.

2. **הַשְׁלִימוּ** אֶת הַכִּנּוּיִים שֶׁל בִּנְיָמִין.

בְּפָסוּק ט"ו:	בְּפָסוּק ט"ז:	בְּפָסוּק כ':
______	______	______

3. פַּעֲמַיִם יוֹסֵף מְצַוֶּה עַל הָאַחִים לָלֶכֶת **לְאֶרֶץ כְּנַעַן.**
הַשְׁלִימוּ אֶת הַמִּסְפָּרִים וְאֶת הַשֵּׁמוֹת.

- בַּפַּעַם הָרִאשׁוֹנָה: ______ אַחִים **נִשְׁאָרִים** (remains) **בְּמִצְרַיִם** וְאָח ______ **הוֹלֵךְ** לִכְנַעַן וּמֵבִיא אֶת ______ לְמִצְרַיִם. (פָּסוּק ט"ז)
- בַּפַּעַם הַשְּׁנִיָּה: אָח ______ **נִשְׁאַר** (remains) בְּמִצְרַיִם וְ ______ אַחִים **הוֹלְכִים** לִכְנַעַן וּמְבִיאִים אֶת ______ לְמִצְרַיִם.

4. הַמִּבְחָן לְפִי יוֹסֵף:

- אִם הָאַחִים מְבִיאִים אֶת הָאָח הַקָּטָן - סִימָן שֶׁהֵם ______
- אִם הָאַחִים לֹא מְבִיאִים אֶת הָאָח הַקָּטָן - סִימָן שֶׁהֵם ______

לַחְשֹׁב... לִשְׁאֹל... לְהַבִּיעַ דֵּעָה... (פְּסוּקִים י"ח-כ')

1 יוֹסֵף אוֹמֵר לָאַחִים:

זֹאת עֲשׂוּ וִחְיוּ, אֶת-הָאֶ-לֹהִים אֲנִי יָרֵא. (פָּסוּק י"ח)

- אִם אַתֶּם רוֹצִים לִחְיוֹת אָז ______________________

כִּי "______________________"

1א. לָמָּה יוֹסֵף מַזְכִּיר אֶת אֶ-לֹהִים?

____

____

2 שְׁאֵלַת אֶתְגָּר

לָמָּה יוֹסֵף כָּל כָּךְ רוֹצֶה שֶׁהָאַחִים יָבִיאוּ אֶת בִּנְיָמִין, לְדַעְתְּכֶם?

____

____

____

הָאַחִים מַרְגִּישִׁים אֲשֵׁמִים

פֶּרֶק מ״ב פְּסוּקִים כ״א-כ״ד

כ״א וַיֹּאמְרוּ אִישׁ אֶל-אָחִיו[1]:
״אֲבָל אֲשֵׁמִים[2] אֲנַחְנוּ עַל-אָחִינוּ
אֲשֶׁר רָאִינוּ צָרַת נַפְשׁוֹ[3] בְּהִתְחַנְנוֹ אֵלֵינוּ[4]
וְלֹא שָׁמָעְנוּ,
עַל-כֵּן בָּאָה אֵלֵינוּ הַצָּרָה הַזֹּאת.״

כ״ב וַיַּעַן[5] רְאוּבֵן אֹתָם לֵאמֹר:
״הֲלוֹא[6] אָמַרְתִּי אֲלֵיכֶם לֵאמֹר:
׳אַל-תֶּחֶטְאוּ[7] בַיֶּלֶד!׳ וְלֹא שְׁמַעְתֶּם,
וְגַם-דָּמוֹ הִנֵּה נִדְרָשׁ[8].״

1 **אִישׁ אֶל-אָחִיו:** אָח אֶל אָח
2 **אֲשֵׁמִים** (א-ש-מ)**:** guilty
3 **צָרַת נַפְשׁוֹ:** הַצָּרָה שֶׁלּוֹ
4 **בְּהִתְחַנְנוֹ אֵלֵינוּ:** when he begged us for mercy
5 **וַיַּעַן** (ע-נ-ה)**:** הוּא עָנָה
6 **הֲלוֹא:** didn't I?
7 **אַל-תֶּחֶטְאוּ** (ח-ט-א)**:** אַל תַּעֲשׂוּ דָּבָר רַע
8 **וְגַם-דָּמוֹ הִנֵּה נִדְרָשׁ:** now his blood has to be repaid

26

כ"ג וְהֵם לֹא יָדְעוּ כִּי שֹׁמֵעַ יוֹסֵף,
כִּי הַמֵּלִיץ[9] בֵּינֹתָם[10].

כ"ד וַיִּסֹּב[11] מֵעֲלֵיהֶם וַיֵּבְךְּ[12],
וַיָּשָׁב אֲלֵהֶם וַיְדַבֵּר אֲלֵהֶם
וַיִּקַּח מֵאִתָּם אֶת-שִׁמְעוֹן
וַיֶּאֱסֹר[13] אֹתוֹ לְעֵינֵיהֶם[14].

9 הַמֵּלִיץ: הַמְּתַרְגֵּם
10 בֵּינֹתָם: בֵּינֵיהֶם
11 וַיִּסֹּב (ס-ב-ב): הוּא הִסְתּוֹבֵב turned
12 וַיֵּבְךְּ (ב-כ-ה): הוּא בָּכָה
13 וַיֶּאֱסֹר (א-ס-ר): שָׂם אוֹתוֹ
בְּבֵית הַסֹּהַר imprisoned him
14 לְעֵינֵיהֶם: לִפְנֵי הָאַחִים

בְּעִקְבוֹת הַכָּתוּב בַּתּוֹרָה (פְּסוּקִים כ"א-כ"ד)

בְּבַקָּשָׁה:

1 **סַמְּנוּ** בְּעַמּוּדִים 26–27 בְּצֶבַע כָּחֹל אֶת דִּבְרֵי הָאַחִים.

2 **סַמְּנוּ** בְּצֶבַע וָרֹד אֶת דִּבְרֵי רְאוּבֵן.

3 **הַקִּיפוּ** בְּמַעְגָּל אֶת הַמִּלִּים מִן הַשֹּׁרֶשׁ **ש-מ-ע**.

3א. **מִי לֹא שָׁמַע לְמִי?** **מִי שָׁמַע אֶת מִי?**

- בְּפָסוּק כ"א: ______ לֹא שָׁמְעוּ **לְ**______
- בְּפָסוּק כ"ב: ______ לֹא שָׁמְעוּ **לְ**______
- בְּפָסוּק כ"ג: ______ שָׁמַע **אֶת** ______

4 מָה הָאֵרוּעַ (event) שֶׁהָאַחִים מְדַבְּרִים עָלָיו? (פֶּרֶק ל"ז פְּסוּקִים כ"ג–כ"ה)

______

4א. לָמָּה הָאַחִים מַרְגִּישִׁים אֲשֵׁמִים? (פֶּרֶק ל"ז פְּסוּקִים כ"ג–כ"ה)

כִּי ______

______

5 **כִּתְבוּ מֵחָדָשׁ אֶת הַסִּפּוּר.** (פֶּרֶק ל"ז פְּסוּקִים כ"ג –כ"ה)

בַּחֲרוּ אֵיפֹה לְהוֹסִיף אֶת | וַיִּתְחַנֵּן... וְהָאַחִים לֹא שָׁמְעוּ |

וַיַּפְשִׁיטוּ אֶת-יוֹסֵף ? [ ] וַיִּקָּחֻהוּ ? [ ]

וַיַּשְׁלִכוּ אֹתוֹ הַבֹּרָה ? [ ]

וַיֵּשְׁבוּ לֶאֱכָל-לֶחֶם ? [ ]

6 **פֶּרֶק ל"ז פָּסוּק כ"ה: מָה הַדָּבָר הָרִאשׁוֹן שֶׁהָאַחִים עוֹשִׂים?**

"______________________________"

6א. אֵיךְ הָאַחִים מַרְגִּישִׁים, לְדַעְתְּכֶם?

____

7 **בְּפֶרֶק מ"ב פָּסוּק כ"א, הָאַחִים אוֹמְרִים אֵיךְ הֵם מַרְגִּישִׁים:**

____

7א. יוֹסֵף שׁוֹמֵעַ אֶת הָאַחִים. אֵיךְ הוּא מֵגִיב?

____

7ב. **מַדּוּעַ?** (חִשְׁבוּ: מָה הוּא שׁוֹמֵעַ? מָה הוּא מַרְגִּישׁ?)

____

____

(was imprisoned)

8 אֲנַחְנוּ יוֹדְעִים שֶׁשִּׁמְעוֹן נֶאֱסַר, כִּי כָּתוּב:

"_____."

(פָּסוּק _____)

9 לָמָּה יוֹסֵף אוֹסֵר אֶת שִׁמְעוֹן "לְעֵינֵי" הָאַחִים, לְדַעְתְּכֶם?

_____

(particularly)

10 לֹא כָּתוּב לָמָּה יוֹסֵף בּוֹחֵר לֶאֱסֹר דַּוְקָא אֶת שִׁמְעוֹן וְלֹא אָח אַחֵר.

כִּתְבוּ עַל זֶה סִפּוּר קָצָר.

לַחְשֹׁב... לִשְׁאֹל... לְהַבִּיעַ דֵּעָה... (פְּסוּקִים כ"א-כ"ד)

1 רְאוּבֵן אוֹמֵר לָאַחִים: "הֲלוֹא אָמַרְתִּי אֲלֵיכֶם לֵאמֹר..." (פָּסוּק כ"ב)

מָה הוּא אָמַר לָאַחִים? (פֶּרֶק ל"ז פְּסוּקִים כ"א-כ"ב)

(repeats)

1א. לָמָּה רְאוּבֵן חוֹזֵר עַל מָה שֶׁהוּא אָמַר לָאַחִים, לְדַעְתְּכֶם?

1ב. מָה יוֹסֵף לוֹמֵד מִדִּבְרֵי רְאוּבֵן?

1ג. מָה אַתֶּם חוֹשְׁבִים עַל הַהִתְנַהֲגוּת שֶׁל רְאוּבֵן (פֶּרֶק מ"ב)?

2 אֵיךְ אַתֶּם מַרְגִּישִׁים כַּאֲשֶׁר מִישֶׁהוּ אוֹמֵר לָכֶם "אָמַרְתִּי לָכֶם!"?

הָאַחִים חוֹזְרִים לִכְנַעַן

פֶּרֶק מ"ב פְּסוּקִים כ"ה-כ"ט

כ"ה וַיְצַו[1] יוֹסֵף וַיְמַלְאוּ[2] אֶת-כְּלֵיהֶם[3] בָּר[4]
וּלְהָשִׁיב[5] כַּסְפֵּיהֶם[6] אִישׁ אֶל-שַׂקּוֹ[7]
וְלָתֵת לָהֶם צֵדָה[8] לַדָּרֶךְ,
וַיַּעַשׂ לָהֶם כֵּן.

כ"ו וַיִּשְׂאוּ[9] אֶת-שִׁבְרָם[10] עַל-חֲמֹרֵיהֶם,
וַיֵּלְכוּ מִשָּׁם.

כ"ז וַיִּפְתַּח הָאֶחָד אֶת-שַׂקּוֹ
לָתֵת מִסְפּוֹא[11] לַחֲמֹרוֹ בַּמָּלוֹן,
וַיַּרְא אֶת-כַּסְפּוֹ וְהִנֵּה-הוּא בְּפִי אַמְתַּחְתּוֹ[12].

1 **וַיְצַו** (צ-ו-ה): הוּא צִוָּה
2 **וַיְמַלְאוּ** (מ-ל-א): הֵם מִלְּאוּ
3 **כְּלֵיהֶם:** הַשַּׂקִּים שֶׁלָּהֶם
4 **בָּר:** grain
5 **וּלְהָשִׁיב** (ש-ו-ב): to return
6 **כַּסְפֵּיהֶם:** הַכֶּסֶף שֶׁלָּהֶם
7 **שַׂקּוֹ:** הַשַּׂק שֶׁלּוֹ his sack
8 **צֵדָה:** אֹכֶל
9 **וַיִּשְׂאוּ** (נ-ש-א): הֵם נָשְׂאוּ they lifted up
10 **שִׁבְרָם:** הַשֶּׁבֶר (הָאֹכֶל) שֶׁלָּהֶם
11 **מִסְפּוֹא:** אֹכֶל לִבְהֵמוֹת fodder
12 **בְּפִי אַמְתַּחְתּוֹ:** בַּפֶּתַח שֶׁל הַשַּׂק שֶׁלּוֹ
in the opening of his pack
(אַמְתַּחַת =pack)

כ״ח וַיֹּאמֶר אֶל-אֶחָיו:
"הוּשַׁב[13] כַּסְפִּי[14] וְגַם הִנֵּה בְאַמְתַּחְתִּי,"
וַיֵּצֵא לִבָּם וַיֶּחֶרְדוּ[15] אִישׁ אֶל-אָחִיו לֵאמֹר:
"מַה-זֹּאת עָשָׂה אֱ-לֹהִים לָנוּ?"

כ״ט וַיָּבֹאוּ אֶל-יַעֲקֹב אֲבִיהֶם אַרְצָה כְּנָעַן,
וַיַּגִּידוּ לוֹ אֵת כָּל-הַקֹּרֹת אֹתָם[16]...

13 **הוּשַׁב** (ש-ו-ב): was returned

14 **כַּסְפִּי:** הַכֶּסֶף שֶׁלִּי

15 **וַיֶּחֶרְדוּ** (ח-ר-ד): הֵם רָעֲדוּ מִפַּחַד they trembled

16 **אֵת כָּל-הַקֹּרֹת אֹתָם:** אֶת כָּל מָה שֶׁקָּרָה לָהֶם all that happened to them

בְּעִקְבוֹת הַכָּתוּב בַּתּוֹרָה (פְּסוּקִים כ"ה-כ"ט)

בְּבַקָּשָׁה:

1. מָה יוֹסֵף מְצַוֶּה?

לְמַלֵּא אֶת ______

לְהָשִׁיב לָהֶם ______

לָתֵת לָהֶם ______

2. סַמְּנוּ בְּעַמּוּדִים 33-32 בְּצֶבַע כָּחֹל אֶת דִּבְרֵי כָּל הָאַחִים.

2א. לָמָּה הָאַחִים אוֹמְרִים אֶת זֶה, לְדַעְתְּכֶם?

______

3. סַמְּנוּ בְּצֶבַע וָרֹד אֶת הַמִּלִּים הַמַּרְאוֹת אֵיךְ הָאַחִים מַרְגִּישִׁים.

3א. לָמָּה הָאַחִים פּוֹחֲדִים, לְדַעְתְּכֶם?

______

______

______

4 הָאַחִים שׁוֹאֲלִים: "מַה־זֹּאת עָשָׂה אֱ-לֹהִים לָנוּ?"
לָמָּה הָאַחִים מְדַבְּרִים עַל אֱ-לֹהִים, לְדַעְתְּכֶם?

_____

_____

5 פְּסוּקִים כ"ה-כ"ו: מָה אַתֶּם חוֹשְׁבִים עַל יוֹסֵף?

_____

_____

6 פְּסוּקִים כ"ז-כ"ח: מָה אַתֶּם חוֹשְׁבִים עַל יוֹסֵף?

_____

_____

7 לָמָּה יוֹסֵף עוֹשֶׂה אֶת כָּל זֶה לָאַחִים? (יוֹתֵר מִתְּשׁוּבָה אַחַת)

• _____

• _____

• _____

8 הָאַחִים מְסַפְּרִים לְיַעֲקֹב אֶת "כָּל-הַקֹּרֹת אֹתָם" (פָּסוּק כ"ט).

לִפְנֵיכֶם הַסִּפּוּר שֶׁל הָאַחִים בִּלְשׁוֹנֵנוּ. **סַדְּרוּ** אֶת הַסִּפּוּר לְפִי הַסֵּדֶר הַנָּכוֹן.

1 בָּאנוּ אֶל הָאִישׁ "הַמַּשְׁבִּיר לְכָל-עַם הָאָרֶץ".

הָאִישׁ אָמַר: הָבִיאוּ אֶת הָאָח הַקָּטָן לְמִצְרַיִם.

הָאִישׁ אָמַר: אָח אֶחָד יֵאָסֵר וְתִשְׁעָה אַחִים יַחְזְרוּ לִכְנַעַן עִם אֹכֶל.

אָמַרְנוּ לָאִישׁ: אֲנַחְנוּ כֵּנִים.

הָאִישׁ אָמַר: אַתֶּם מְרַגְּלִים.

בַּדֶּרֶךְ פָּתַחְנוּ אֶת הַשַּׂקִּים וּמָצָאנוּ אֶת הַכֶּסֶף שֶׁשִּׁלַּמְנוּ לָאִישׁ.

סִפַּרְנוּ לָאִישׁ: אֲנַחְנוּ 12 אַחִים. אָח אֶחָד נִשְׁאַר עִם אָבִינוּ וְאָח אֶחָד אֵינֶנּוּ.

הַתְגוּבָה שֶׁל יַעֲקֹב

פֶּרֶק מ"ב פְּסוּקִים ל"ו-ל"ח

ל"ו וַיֹּאמֶר אֲלֵהֶם יַעֲקֹב אֲבִיהֶם:
"אֹתִי שִׁכַּלְתֶּם[1],
יוֹסֵף אֵינֶנּוּ[2]
וְשִׁמְעוֹן אֵינֶנּוּ
וְאֶת-בִּנְיָמִן תִּקָּחוּ
עָלַי הָיוּ כֻלָּנָה[3]."

ל"ז וַיֹּאמֶר רְאוּבֵן אֶל-אָבִיו לֵאמֹר:
"אֶת-שְׁנֵי בָנַי תָּמִית[4]
אִם-לֹא אֲבִיאֶנּוּ[5] אֵלֶיךָ,
תְּנָה אֹתוֹ עַל-יָדִי[6]
וַאֲנִי אֲשִׁיבֶנּוּ[7] אֵלֶיךָ."

1 **שִׁכַּלְתֶּם** (ש-כ-ל): עֲשִׂיתֶם אוֹתִי אָב שַׁכּוּל (שֶׁהַיֶּלֶד שֶׁלּוֹ מֵת)

2 **אֵינֶנּוּ:** is no more

3 **עָלַי הָיוּ כֻלָּנָה:** כָּל הַדְּבָרִים הָרָעִים קוֹרִים לִי everything happens to me

4 **תָּמִית** (מ-ו-ת): תַּהֲרֹג you will kill

5 **אֲבִיאֶנּוּ** (ב-ו-א): אָבִיא אוֹתוֹ I will bring him

6 **תְּנָה** (נ-ת-נ) **אֹתוֹ עַל-יָדִי:** תֵּן אוֹתוֹ בְּיָדִי give him to me

7 **אֲשִׁיבֶנּוּ** (ש-ו-ב): אָשִׁיב אוֹתוֹ, אַחְזִיר אוֹתוֹ will return him

ל"ח וַיֹּאמֶר: "לֹא-יֵרֵד בְּנִי עִמָּכֶם[8],

כִּי-אָחִיו מֵת וְהוּא לְבַדּוֹ נִשְׁאָר[9]

וּקְרָאָהוּ[10] אָסוֹן בַּדֶּרֶךְ אֲשֶׁר תֵּלְכוּ-בָהּ

וְהוֹרַדְתֶּם אֶת-שֵׂיבָתִי בְּיָגוֹן שְׁאוֹלָה[11]."

8 עִמָּכֶם: אִתְּכֶם	with you
9 נִשְׁאָר:	remains
10 וּקְרָאָהוּ: קָרָה לוֹ	if anything happens to him
11 וְהוֹרַדְתֶּם אֶת-שֵׂיבָתִי בְּיָגוֹן שְׁאוֹלָה:	
אַתֶּם גּוֹרְמִים לִי לָמוּת זָקֵן וְעָצוּב	
in my old age you will bring me down to the grave in mourning	

בְּעִקְבוֹת הַכָּתוּב בַּתּוֹרָה (פְּסוּקִים ל"ו-ל"ח)

בְּבַקָּשָׁה:

1 **סַמְּנוּ** בְּעַמּוּדִים 37–38 בְּצֶבַע צָהֹב אֶת דִּבְרֵי יַעֲקֹב.

2 **סַמְּנוּ** בְּצֶבַע וָרֹד אֶת דִּבְרֵי רְאוּבֵן.

3 אֵלּוּ דְּבָרִים רָעִים קוֹרִים לְיַעֲקֹב?

- יוֹסֵף ____________
- שִׁמְעוֹן ____________

3א. יַעֲקֹב מְפַחֵד שֶׁיִּקְרֶה דָּבָר רַע לְ ____________

4 **בְּפֶרֶק ל"ז פָּסוּק ל"ג** יַעֲקֹב אוֹמֵר: "חַיָּה רָעָה אֲכָלָתְהוּ" (אֶת יוֹסֵף).

לְפִי יַעֲקֹב, מִי אָשֵׁם? ____________

בְּפֶרֶק מ"ב פָּסוּק ל"ו יַעֲקֹב אוֹמֵר: "אֹתִי שִׁכַּלְתֶּם".

מִי אָשֵׁם? ____________

(blame)

4א. לָמָּה עַכְשָׁו יַעֲקֹב מַאֲשִׁים אֶת הָאַחִים? (פָּסוּק ל"ו)

____

____

(to convince)

5 רְאוּבֵן רוֹצֶה לְשַׁכְנֵעַ אֶת יַעֲקֹב לִשְׁלֹחַ אֶת בִּנְיָמִין. מָה הוּא מוּכָן לַעֲשׂוֹת?

____

(suggestion)

6 מָה דַּעְתְּכֶם עַל הַהַצָּעָה שֶׁל רְאוּבֵן?

____

____

____

(to decide)

7 עִזְרוּ לְיַעֲקֹב לְהַחְלִיט.

לֹא לִשְׁלֹחַ אֶת בִּנְיָמִין?	**לִשְׁלֹחַ אֶת בִּנְיָמִין?**
אִם לֹא אֶשְׁלַח ______________	אִם אֶשְׁלַח ______________

לְדַעְתִּי ______________________________

8 מָה הִיא הַתְּשׁוּבָה שֶׁל יַעֲקֹב?

____

____

9 הַדּוֹמֶה וְהַשּׁוֹנֶה בֵּין פֶּרֶק ל"ז לְבֵין פֶּרֶק מ"ב. **הַשְׁלִימוּ:** יוֹסֵף הָאַחִים

בְּפֶרֶק ל"ז: יַעֲקֹב יוֹדֵעַ שֶׁהוּא שׁוֹלֵחַ אֶת ______

אֶל ______

בְּפֶרֶק מ"ב: יַעֲקֹב לֹא יוֹדֵעַ שֶׁהוּא שׁוֹלֵחַ אֶת ______

ל ______

בְּפֶרֶק ל"ז: ______ חֲזָקִים וְ ______ חַלָּשׁ.

בְּפֶרֶק מ"ב: ______ חָזָק וְ ______ חַלָּשִׁים.

הַבְּעָיָה שֶׁל יַעֲקֹב

פֶּרֶק מ״ג פְּסוּקִים א׳-ז׳

א׳ וְהָרָעָב כָּבֵד[1] בָּאָרֶץ.

ב׳ וַיְהִי כַּאֲשֶׁר כִּלּוּ[2] לֶאֱכֹל אֶת-הַשֶּׁבֶר

אֲשֶׁר הֵבִיאוּ מִמִּצְרָיִם,

וַיֹּאמֶר אֲלֵיהֶם אֲבִיהֶם:

״שֻׁבוּ שִׁבְרוּ-לָנוּ מְעַט-אֹכֶל.״

1 **כָּבֵד:** גָּדוֹל, חָזָק

2 **כִּלּוּ:** גָּמְרוּ

ג׳   וַיֹּאמֶר אֵלָיו יְהוּדָה לֵאמֹר:
"הָעֵד הֵעִד³ בָּנוּ הָאִישׁ לֵאמֹר:
'לֹא-תִרְאוּ פָנַי בִּלְתִּי⁴ אֲחִיכֶם אִתְּכֶם'.

ד׳   אִם-יֶשְׁךָ מְשַׁלֵּחַ⁵ אֶת-אָחִינוּ אִתָּנוּ,
נֵרְדָה⁶ וְנִשְׁבְּרָה לְךָ אֹכֶל.

ה׳   וְאִם-אֵינְךָ מְשַׁלֵּחַ⁷
לֹא נֵרֵד,
כִּי-הָאִישׁ אָמַר אֵלֵינוּ:
'לֹא-תִרְאוּ פָנַי בִּלְתִּי אֲחִיכֶם אִתְּכֶם⁸'.".

ו׳   וַיֹּאמֶר יִשְׂרָאֵל:
"לָמָה הֲרֵעֹתֶם⁹ לִי,
לְהַגִּיד לָאִישׁ הַעוֹד לָכֶם אָח?"

ז׳   וַיֹּאמְרוּ:
"שָׁאוֹל שָׁאַל-הָאִישׁ לָנוּ וּלְמוֹלַדְתֵּנוּ¹⁰ לֵאמֹר:
'הַעוֹד אֲבִיכֶם חַי? הֲיֵשׁ לָכֶם אָח?'
וַנַּגֶּד¹¹-לוֹ עַל-פִּי הַדְּבָרִים הָאֵלֶּה,
הֲיָדוֹעַ נֵדַע כִּי יֹאמַר
'הוֹרִידוּ¹² אֶת-אֲחִיכֶם?'"

---

³ **הָעֵד הֵעִד**: הִזְהִיר warned
⁴ **בִּלְתִּי**: unless
⁵ **אִם-יֶשְׁךָ מְשַׁלֵּחַ**: אִם אַתָּה שׁוֹלֵחַ
⁶ **נֵרְדָה** (י-ר-ד)
⁷ **וְאִם-אֵינְךָ מְשַׁלֵּחַ**: אִם אַתָּה לֹא שׁוֹלֵחַ
⁸ **בִּלְתִּי אֲחִיכֶם אִתְּכֶם**: בְּלִי אֲחִיכֶם
⁹ **הֲרֵעֹתֶם**: עֲשִׂיתֶם רַע
¹⁰ **לְמוֹלַדְתֵּנוּ** (י-ל-ד): our origin, our clan group
¹¹ **וַנַּגֶּד**: אָמַרְנוּ
¹² **הוֹרִידוּ** (י-ר-ד): הָבִיאוּ bring (him) down

43

בְּעִקְבוֹת הַכָּתוּב בַּתּוֹרָה (פְּסוּקִים א׳-ד׳)

בְּבַקָּשָׁה:

1 **הַקִּיפוּ** בְּמַעְגָּל בְּעַמּוּדִים 43–42 אֶת הַמִּלִּים מִן הַשֹּׁרֶשׁ **א-מ-ר**.

1א. הַדְּמוּיוֹת הַמְדַבְּרוֹת הֵן: ______

2 **סַמְּנוּ** בְּצֶבַע צָהֹב אֶת דִּבְרֵי יַעֲקֹב.

3 **סַמְּנוּ** בְּצֶבַע וָרֹד אֶת דִּבְרֵי יְהוּדָה.

4 **סַמְּנוּ** בְּצֶבַע כָּחֹל אֶת דִּבְרֵי הָאַחִים.

5 **הַקִּיפוּ** בְּמַלְבֵּן אֶת הַמִּלִּים שֶׁיֵּשׁ בָּהֶן "**אָח**".

הַמִּלָּה חוֹזֶרֶת ______ פְּעָמִים.

5א. מִיהוּ הָ"**אָח**" שֶׁכֻּלָּם מְדַבְּרִים עָלָיו? ______

5ב. **קִרְאוּ בְּקוֹל** פְּסוּקִים א׳-ז׳. בְּכָל מָקוֹם שֶׁמּוֹפִיעַ "**אָח**" אִמְרוּ אֶת הַשֵּׁם.

5ג. לָמָּה אַף אֶחָד לֹא אוֹמֵר אֶת שֵׁם הָאָח?

______

______

6 **סַמְּנוּ** בְּעַמּוּד 43 קַו מִתַּחַת לַדְּבָרִים שֶׁ"הָאִישׁ" אוֹמֵר. הָאִישׁ הוּא ______________

6א. לָמָּה יְהוּדָה חוֹזֵר פַּעֲמַיִם עַל דִּבְרֵי הָאִישׁ?

7 אֵיךְ **עוֹד** מַדְגִּישׁ יְהוּדָה אֶת דִּבְרֵי הָאִישׁ? **כִּתְבוּ** אֶת הַפָּסוּק **וְצִבְעוּ** אוֹתוֹ.

מָקוֹר מֻחְלָט
2 מִלִּים מֵאוֹתוֹ שֹׁרֶשׁ
הַבָּאוֹת יַחַד כְּדֵי לְחַזֵּק וּלְהַדְגִּישׁ.

"____

____"

(פָּסוּק ________)

(opposite possibilities)

8 יְהוּדָה נוֹתֵן לְיַעֲקֹב שְׁתֵּי אֶפְשָׁרֻיּוֹת מְנֻגָּדוֹת.

(opposite)

סַמְּנוּ בְּצֶבַע וָרֹד אֶת הַנִּגּוּדִים.

אֶפְשָׁרוּת 1: אִם-יֶשְׁךָ מְשַׁלֵּחַ אֶת-אָחִינוּ אִתָּנוּ, נֵרְדָה

אֶפְשָׁרוּת 2: וְאִם-אֵינְךָ מְשַׁלֵּחַ לֹא נֵרֵד

8א. מָה יִקְרֶה לַמִּשְׁפָּחָה?

אֶפְשָׁרוּת 1: ____

אֶפְשָׁרוּת 2: ____

9 מָה יַעֲקֹב אוֹמֵר עַל דִּבְרֵי יְהוּדָה?

_____

_____

10 מָה לוֹמְדִים מִזֶּה עַל יַעֲקֹב?

_____

_____

11 אֵיךְ הָאַחִים אוֹמְרִים?

• "הָאִישׁ בֶּאֱמֶת שָׁאַל"

(פָּסוּק _____)

• "אֲנַחְנוּ בֶּאֱמֶת לֹא יָדַעְנוּ"

(פָּסוּק _____)

12 נְסַכֵּם אֶת הַבְּעָיָה. כִּתְבוּ בִּלְשׁוֹנֵנוּ.

יַעֲקֹב אוֹמֵר לַבָּנִים שֶׁלּוֹ: _____ (פָּסוּק _____)

הָאִישׁ אוֹמֵר לָאַחִים: _____

_____ (פָּסוּק _____)

יְהוּדָה לוֹקֵחַ אַחְרָיוּת

פֶּרֶק מ״ג פְּסוּקִים ח׳-י׳

(takes responsibility)
לוֹקֵחַ אַחְרָיוּת

ח׳ וַיֹּאמֶר יְהוּדָה אֶל-יִשְׂרָאֵל אָבִיו:
״שִׁלְחָה הַנַּעַר אִתִּי
וְנָקוּמָה וְנֵלֵכָה,
וְנִחְיֶה וְלֹא נָמוּת
גַּם-אֲנַחְנוּ גַם-אַתָּה גַּם-טַפֵּנוּ[1].

ט׳ אָנֹכִי אֶעֶרְבֶנּוּ[2]
מִיָּדִי תְּבַקְשֶׁנּוּ[3],
אִם-לֹא הֲבִיאֹתִיו[4] אֵלֶיךָ
וְהִצַּגְתִּיו[5] לְפָנֶיךָ
וְחָטָאתִי לְךָ כָּל-הַיָּמִים[6].

י׳ כִּי לוּלֵא הִתְמַהְמָהְנוּ[7],
כִּי-עַתָּה שַׁבְנוּ זֶה פַעֲמָיִם.״

1 **טַפֵּנוּ:** הַיְלָדִים הַקְטַנִּים שֶׁלָּנוּ

2 **אֶעֶרְבֶנּוּ** (ע-ר-ב): אֲנִי אַחְרַאי לוֹ
I will responsible for, accountable for being sure that Binyamin comes back

3 **תְּבַקְשֶׁנּוּ** (ב-ק-ש): תְּבַקֵּשׁ אוֹתוֹ
you can demand him of me

4 **הֲבִיאֹתִיו** (ב-ו-א): אֲנִי אָבִיא אוֹתוֹ
I will bring him

5 **וְהִצַּגְתִּיו:** אֲנִי אַצִּיג אוֹתוֹ
I will present him

6 **וְחָטָאתִי לְךָ כָּל-הַיָּמִים:**
I will always feel that I have sinned to you

7 **כִּי לוּלֵא הִתְמַהְמָהְנוּ:**
if we had not delayed

בְּעִקְבוֹת הַכָּתוּב בַּתּוֹרָה (פְּסוּקִים ח׳-י׳)

בְּבַקָּשָׁה:

1 מָה יְהוּדָה אוֹמֵר לְיַעֲקֹב? ______________________

(result)

2 מָה תִּהְיֶה הַתּוֹצָאָה? ______________________

אַחְרָיוּת (responsibility)

אֲנִי יֶלֶד אַחְרָאִי (responsible) – וְאֶפְשָׁר לִסְמֹךְ עָלַי. (you can rely on me)

לְדֻגְמָה:

כָּל יוֹם אֲנִי זוֹכֵר לָתֵת אֹכֶל לַכֶּלֶב שֶׁלִּי.

(takes responsibility for)

3 יְהוּדָה לוֹקֵחַ אַחְרָיוּת עַל בִּנְיָמִין.

כִּתְבוּ מָה יְהוּדָה מַבְטִיחַ לְיַעֲקֹב (פָּסוּק ט׳).

אֲנִי, יְהוּדָה, מַבְטִיחַ ______________________

____

____

4 הַשְׁלִימוּ: (פָּסוּק ח')

הַשֹּׁרֶשׁ	בִּלְשׁוֹן הַתּוֹרָה	בִּלְשׁוֹנֵנוּ	מִי פָּעִיל?
_____	[נ]_____	אֲנַחְנוּ נָקוּם	הָאַחִים
ה–ל–כ	[נ]_____	_____	_____
_____	[נ] חְ יֶ ה	_____	_____
_____	וְלֹא נָמוּת	_____	_____

4א. מִי זֶה "אֲנַחְנוּ"? _____

5 הַשְׁלִימוּ: (פָּסוּק ט')

בִּלְשׁוֹן הַתּוֹרָה	בִּלְשׁוֹנֵנוּ	מִי פָּעִיל?
אֶעֶרְבֶנּוּ	[אֲנִי] אֶעֱרֹב לְךָ I will be responsible for you	(אֲנִי) יְהוּדָה
_____	[אֲנִי] אָבִיא אוֹתוֹ	_____
וְהִצַּגְתִּיו	[אֲנִי] _____	_____
_____	[אֲנִי] אֶחְטָא לְךָ	_____

5א. מִי זֶה "אֲנִי"? _____ . הָאַחְרָיוּת הִיא שֶׁל _____ .

49

5ב. לָמָּה "אֲנִי" חוֹזֵר הַרְבֵּה פְּעָמִים בְּדִבְרֵי יְהוּדָה, לְדַעְתְּכֶם?

6 לְמִי יְהוּדָה מַבְטִיחַ? **הַשְׁלִימוּ.**

בִּלְשׁוֹן הַתּוֹרָה	הַשְּׁאֵלָה	הַתְּשׁוּבָה
הֲבִיאֹתִיו (אָבִיא אוֹתוֹ) אֵלֶיךָ	אֶל מִי אָבִיא אוֹתוֹ?	אֶל ________
וְהִצַּגְתִּיו (אַצִּיג אוֹתוֹ) לְפָנֶיךָ	לִפְנֵי מִי אַצִּיג אוֹתוֹ?	לִפְנֵי ________
וְחָטָאתִי (אֶחְטָא) לְךָ	לְמִי אֶחְטָא?	לְ________

7 אַחֲרֵי שֶׁיְּהוּדָה מְדַבֵּר, יַעֲקֹב אוֹמֵר לְבָנָיו:

וְאֶת־אֲחִיכֶם קָחוּ, וְקוּמוּ שׁוּבוּ אֶל־הָאִישׁ (פָּסוּק י"ג)

(decide)

מָה יַעֲקֹב מַחְלִיט? ________

(causes)

7א. מָה גּוֹרֵם לְיַעֲקֹב לְהַחְלִיט? **כִּתְבוּ** לְפָחוֹת שְׁתֵּי סִבּוֹת.

לַחְשֹׁב... לִשְׁאֹל... לְהַבִּיעַ דֵּעָה... (פְּסוּקִים ח׳-י׳)

1 גַּם רְאוּבֵן וְגַם יְהוּדָה מְדַבְּרִים אֶל הָאַחִים. **הַשְׁלִימוּ.**

דִּבְרֵי רְאוּבֵן לָאַחִים (פֶּרֶק ל״ז פְּסוּקִים כ״א-כ״ב)	**מִי?** (אַתֶּם? אֲנַחְנוּ?)
• לֹא נַכֶּנּוּ נָפֶשׁ	• [אֲ נַ חְ נ וּ] לֹא נַכֶּנּוּ נֶפֶשׁ
• אַל-תִּשְׁפְּכוּ-דָם	• [ ] אַל תִּשְׁפְּכוּ דָּם
• הַשְׁלִיכוּ אֹתוֹ אֶל-הַבּוֹר...	• [ ] תַּשְׁלִיכוּ אוֹתוֹ אֶל הַבּוֹר
• וְיָד אַל-תִּשְׁלְחוּ-בוֹ	• [ ] אַל תִּשְׁלְחוּ בּוֹ יָד

דִּבְרֵי יְהוּדָה לָאַחִים (פֶּרֶק ל״ז פְּסוּקִים כ״ו-כ״ז)	**מִי? שֶׁל מִי?**
• מַה-בֶּצַע כִּי נַהֲרֹג אֶת-אָחִינוּ	• מָה בֶּצַע כִּי [**אֲנַחְנוּ**] נַהֲרֹג אֶת הָאָח [**שֶׁלָּנוּ**]
• וְכִסִּינוּ אֶת-דָּמוֹ?	• [ ] נַהֲרֹג אֶת הָאָח שֶׁלָּנוּ?
• ...וְנִמְכְּרֶנּוּ לַיִּשְׁמְעֵאלִים	• [ ] נִמְכֹּר אוֹתוֹ לַיִּשְׁמְעֵאלִים
• וְיָדֵנוּ אַל-תְּהִי-בוֹ	• וְהַיָּדַיִם [ ] לֹא תִּהְיֶנָה בּוֹ
• כִּי-אָחִינוּ בְשָׂרֵנוּ הוּא	• כִּי הוּא הָאָח [ ] וְהוּא מֵהַבָּשָׂר [ ]

1א. מָה שְׁנֵי הָאַחִים לֹא רוֹצִים? ______

1ב. מִי אוֹמֵר "אֲנַחְנוּ"? ______

1ג. מִי אוֹמֵר "אַתֶּם"? ______

1ד. מִי אוֹמֵר "הָאָח שֶׁלָּנוּ"? ______

2 גַּם רְאוּבֵן וְגַם יְהוּדָה מְדַבְּרִים אֶל יַעֲקֹב.

דִּבְרֵי רְאוּבֵן לְאָבִיו

(פֶּרֶק מ"ב פָּסוּק ל"ז)

אֶת-שְׁנֵי בָנַי תָּמִית
אִם-לֹא אֲבִיאֶנּוּ אֵלֶיךָ,
תְּנָה אֹתוֹ עַל-יָדִי
וַאֲנִי אֲשִׁיבֶנּוּ אֵלֶיךָ.

דִּבְרֵי יְהוּדָה לְאָבִיו

(פֶּרֶק מ"ג פְּסוּקִים ח'-ט')

שִׁלְחָה הַנַּעַר אִתִּי...
אָנֹכִי אֶעֶרְבֶנּוּ מִיָּדִי תְּבַקְשֶׁנּוּ,
אִם-לֹא הֲבִיאֹתִיו אֵלֶיךָ
וְהִצַּגְתִּיו לְפָנֶיךָ
וְחָטָאתִי לְךָ כָּל-הַיָּמִים.

2א. שְׁנֵי הָאַחִים אוֹמְרִים לְיַעֲקֹב לִשְׁלֹחַ אֶת בִּנְיָמִין.

- רְאוּבֵן אוֹמֵר: "______"
- יְהוּדָה אוֹמֵר: "______"

2ב. שְׁנֵי הָאַחִים אוֹמְרִים מָה יִקְרֶה אִם לֹא יָבִיאוּ אֶת בִּנְיָמִין:

- רְאוּבֵן אוֹמֵר: "______"
- יְהוּדָה אוֹמֵר: "______"

3 **לָמָּה יַעֲקֹב מַקְשִׁיב לְדִבְרֵי יְהוּדָה וְלֹא מַקְשִׁיב לְדִבְרֵי רְאוּבֵן, לְדַעְתְּכֶם?**

4 **אֵלּוּ תְּכוּנוֹת מְצָאתֶם בִּיהוּדָה?** (בְּפֶרֶק **ל״ז** וּבְפֶרֶק **מ״ב**)

(to convince)

5 **כִּתְבוּ** סִפּוּר. פַּעַם רָצִיתִי לְשַׁכְנֵעַ מִישֶׁהוּ לַעֲשׂוֹת מַשֶּׁהוּ...

הָאַחִים בְּבֵית יוֹסֵף

פֶּרֶק מ"ג פְּסוּקִים כ"ו-ל"א

כ"ו וַיָּבֹא יוֹסֵף הַבַּיְתָה

וַיָּבִיאּוּ לוֹ אֶת-הַמִּנְחָה[1] אֲשֶׁר-בְּיָדָם הַבָּיְתָה,

וַיִּשְׁתַּחֲווּ-לוֹ אָרְצָה.

כ"ז וַיִּשְׁאַל לָהֶם לְשָׁלוֹם

וַיֹּאמֶר: "הֲשָׁלוֹם אֲבִיכֶם[2] הַזָּקֵן אֲשֶׁר אֲמַרְתֶּם,

הַעוֹדֶנּוּ חָי[3]?"

כ"ח וַיֹּאמְרוּ: "שָׁלוֹם לְעַבְדְּךָ לְאָבִינוּ, עוֹדֶנּוּ חָי,"

וַיִּקְּדוּ[4] וישתחו (וַיִּשְׁתַּחֲווּ).

כ"ט וַיִּשָּׂא עֵינָיו

וַיַּרְא אֶת-בִּנְיָמִין אָחִיו בֶּן-אִמּוֹ

וַיֹּאמֶר: "הֲזֶה אֲחִיכֶם הַקָּטֹן אֲשֶׁר אֲמַרְתֶּם אֵלָי?"

וַיֹּאמַר: "אֱ-לֹהִים יָחְנְךָ[5] בְּנִי."

1 **מִנְחָה:** מַתָּנָה

2 **הֲשָׁלוֹם אֲבִיכֶם:** מָה שְׁלוֹם אַבָּא שֶׁלָּכֶם?

3 **הַעוֹדֶנּוּ חָי?:** הַאִם הוּא חַי?

4 **וַיִּקְּדוּ:** הֵם הִשְׁתַּחֲווּ

5 **יָחְנְךָ:** יִתֵּן לְךָ מֵחַסְדּוֹ may God favor you

ל׳ וַיְמַהֵר יוֹסֵף כִּי-נִכְמְרוּ רַחֲמָיו[6] אֶל-אָחִיו
וַיְבַקֵּשׁ לִבְכּוֹת,
וַיָּבֹא הַחַדְרָה[7] וַיֵּבְךְּ[8] שָׁמָּה.

ל״א וַיִּרְחַץ[9] פָּנָיו וַיֵּצֵא,
וַיִּתְאַפַּק[10] וַיֹּאמֶר: ״שִׂימוּ לָחֶם.״

6 **נִכְמְרוּ רַחֲמָיו:** overcome with feeling

7 **הַחַדְרָה:** אֶל הַחֶדֶר

8 **וַיֵּבְךְּ** (ב-כ-ה): הוּא בָּכָה

9 **וַיִּרְחַץ** (ר-ח-צ): הוּא רָחַץ

10 **וַיִּתְאַפַּק:** לֹא הֶרְאָה שֶׁהוּא מִתְרַגֵּשׁ
he was in control of himself

בְּעִקְבוֹת הַכָּתוּב בַּתּוֹרָה (פְּסוּקִים כ"ו-ל"א)

בְּבַקָּשָׁה:

1 **סַמְּנוּ** בְּעַמּוּדִים 54–55 בְּצֶבַע יָרֹק אֶת דִּבְרֵי יוֹסֵף.

2 **סַמְּנוּ** בְּצֶבַע כָּחֹל אֶת דִּבְרֵי הָאַחִים.

3 **הַקִּיפוּ** בְּמַעְגָּל אֶת הַמִּלָּה "שָׁלוֹם".

3א. מָה הַמִּלָּה הַזֹּאת מְלַמֶּדֶת עַל הַשִּׂיחָה?

____

3ב. יוֹסֵף שׁוֹאֵל מָה שְׁלוֹם ______________________________

"הַכָּתוּב" = הַתּוֹרָה

4 **סַמְּנוּ** קַו מִתַּחַת לַכִּנּוּיִים שֶׁל בִּנְיָמִין.

4א. אֵיךְ **הַכָּתוּב** קוֹרֵא לְבִנְיָמִין?

- כַּאֲשֶׁר יוֹסֵף רוֹאֶה אֶת בִּנְיָמִין, **הַכָּתוּב** קוֹרֵא לוֹ: ______________
- כַּאֲשֶׁר יוֹסֵף שׁוֹאֵל אֶת הָאַחִים עַל בִּנְיָמִין,

  הוּא קוֹרֵא לוֹ: ______________
- כַּאֲשֶׁר יוֹסֵף מְבָרֵךְ אֶת בִּנְיָמִין, **הוּא** קוֹרֵא לוֹ: ______________
- כַּאֲשֶׁר נִכְמְרוּ רַחֲמָיו שֶׁל יוֹסֵף עַל בִּנְיָמִין, **הַכָּתוּב** קוֹרֵא לוֹ: ______________

5 לָמָּה יוֹסֵף שׁוֹאֵל עַל בִּנְיָמִין בְּאֹפֶן מְיֻחָד? (in a special way)

כִּי ______________________________

6 לָמָּה יוֹסֵף בּוֹכֶה, לְדַעְתְּכֶם?

____

____

7 יוֹסֵף יוֹצֵא מִן הַחֶדֶר וּמִתְאַפֵּק. לָמָּה?

____

____

יוֹסֵף כּוֹתֵב בְּיוֹמָנוֹ

רָאִיתִי אֶת בִּנְיָמִין ______________________________

____

____

____

____

____

פָּרָשַׁת וַיִּגַּשׁ

נְאוּם יְהוּדָה

פֶּרֶק מ״ד פְּסוּקִים י״ח-ל״ד

י״ח וַיִּגַּשׁ[1] אֵלָיו יְהוּדָה וַיֹּאמֶר:
״בִּי אֲדֹנִי יְדַבֶּר-נָא עַבְדְּךָ דָבָר בְּאָזְנֵי[2] אֲדֹנִי
וְאַל-יִחַר אַפְּךָ[3] בְּעַבְדֶּךָ, כִּי כָמוֹךָ כְּפַרְעֹה[4].

י״ט אֲדֹנִי שָׁאַל אֶת-עֲבָדָיו לֵאמֹר:
'הֲיֵשׁ-לָכֶם אָב אוֹ-אָח?'

כ׳ וַנֹּאמֶר[5] אֶל-אֲדֹנִי:
'יֶשׁ-לָנוּ אָב זָקֵן וְיֶלֶד זְקֻנִים[6] קָטָן,
וְאָחִיו מֵת וַיִּוָּתֵר[7] הוּא לְבַדּוֹ לְאִמּוֹ
וְאָבִיו אֲהֵבוֹ[8].'

כ״א וַתֹּאמֶר[9] אֶל-עֲבָדֶיךָ:
'הוֹרִדֻהוּ אֵלָי[10],
וְאָשִׂימָה עֵינִי עָלָיו[11].'

כ״ב וַנֹּאמֶר אֶל-אֲדֹנִי:
'לֹא-יוּכַל הַנַּעַר לַעֲזֹב אֶת-אָבִיו,
וְעָזַב[12] אֶת-אָבִיו וָמֵת.'

כ״ג וַתֹּאמֶר אֶל-עֲבָדֶיךָ:
'אִם-לֹא יֵרֵד אֲחִיכֶם הַקָּטֹן אִתְּכֶם,
לֹא תֹסִפוּן לִרְאוֹת פָּנָי[13].'

1 **וַיִּגַּשׁ** (נ-ג-ש): he approached
2 **בְּאָזְנֵי:** בָּאָזְנַיִם שֶׁל
3 **וְאַל-יִחַר אַפְּךָ:** אַל תִּכְעַס don't be angry
4 **כִּי כָמוֹךָ כְּפַרְעֹה:** אַתָּה (חָשׁוּב) כְּמוֹ פַּרְעֹה
5 **וַנֹּאמֶר** (א-מ-ר): אֲנַחְנוּ אָמַרְנוּ
6 **יֶלֶד זְקֻנִים:** בֵּן זְקוּנִים, יֶלֶד שֶׁנּוֹלַד כַּאֲשֶׁר הַהוֹרִים שֶׁלּוֹ זְקֵנִים
7 **וַיִּוָּתֵר** (י-ת-ר): he is left alone
8 **אֲהֵבוֹ** (א-ה-ב): אוֹהֵב אוֹתוֹ
9 **וַתֹּאמֶר** (א-מ-ר): אַתָּה אָמַרְתָּ
10 **הוֹרִדֻהוּ אֵלָי** (י-ר-ד): bring him down
11 **וְאָשִׂימָה עֵינִי עָלָיו:** I will set my eyes on him
12 **וְעָזַב:** וְאִם הוּא יַעֲזֹב
13 **לֹא תֹסִפוּן לִרְאוֹת פָּנָי:** לֹא תִּרְאוּ אוֹתִי עוֹד פַּעַם

כ״ד וַיְהִי כִּי עָלִינוּ אֶל-עַבְדְּךָ אָבִי,
וַנַּגֶּד[1]-לוֹ אֵת דִּבְרֵי אֲדֹנִי.

כ״ה וַיֹּאמֶר אָבִינוּ:
'שֻׁבוּ שִׁבְרוּ-לָנוּ מְעַט-אֹכֶל.'

כ״ו וַנֹּאמֶר[2]:
'לֹא נוּכַל לָרֶדֶת,
אִם-יֵשׁ[3] אָחִינוּ הַקָּטֹן אִתָּנוּ וְיָרַדְנוּ[4]
כִּי-לֹא נוּכַל לִרְאוֹת פְּנֵי[5] הָאִישׁ
וְאָחִינוּ[6] הַקָּטֹן אֵינֶנּוּ אִתָּנוּ.'

כ״ז וַיֹּאמֶר עַבְדְּךָ אָבִי אֵלֵינוּ:
'אַתֶּם יְדַעְתֶּם כִּי שְׁנַיִם יָלְדָה[7]-לִּי אִשְׁתִּי.

כ״ח וַיֵּצֵא הָאֶחָד מֵאִתִּי[8] וָאֹמַר[9] אַךְ טָרֹף טֹרָף[10],
וְלֹא רְאִיתִיו[11] עַד-הֵנָּה[12].

כ״ט וּלְקַחְתֶּם גַּם-אֶת-זֶה מֵעִם פָּנַי
וְקָרָהוּ אָסוֹן[13],
וְהוֹרַדְתֶּם אֶת-שֵׂיבָתִי בְּרָעָה שְׁאֹלָה[14].'

1 **וַנַּגֵּד:** אֲנַחְנוּ אָמַרְנוּ
2 **וַנֹּאמֶר** (א-מ-ר): אֲנַחְנוּ אָמַרְנוּ
3 **אִם-יֵשׁ:** unless
4 **וְיָרַדְנוּ** (י-ר-ד): נֵרֵד we will go down
5 **פְּנֵי:** הַפָּנִים שֶׁל
6 **וְאָחִינוּ:** הָאָח שֶׁלָּנוּ
7 **יָלְדָה** (י-ל-ד): gave birth
8 **מֵאִתִּי:** מִמֶּנִּי
9 **וָאֹמַר:** וְאָמַרְתִּי
10 **טָרֹף טֹרָף:** חַיָּה רָעָה אָכְלָה אוֹתוֹ
11 **רְאִיתִיו** (ר-א-ה): רָאִיתִי אוֹתוֹ
12 **עַד-הֵנָּה:** עַד הַיּוֹם הַזֶּה
13 **וְקָרָהוּ אָסוֹן:** יִקְרֶה לוֹ דָּבָר רַע מְאֹד
אָסוֹן: tragedy
14 **וְהוֹרַדְתֶּם אֶת-שֵׂיבָתִי בְּרָעָה שְׁאֹלָה:** בִּגְלַלְכֶם אֲנִי אָמוּת

ל'   וְעַתָּה כְּבֹאִי[1] אֶל־עַבְדְּךָ אָבִי

וְהַנַּעַר אֵינֶנּוּ אִתָּנוּ,

וְנַפְשׁוֹ קְשׁוּרָה בְנַפְשׁוֹ[2].

ל"א   וְהָיָה כִּרְאוֹתוֹ[3] כִּי־אֵין הַנַּעַר וָמֵת,

וְהוֹרִידוּ עֲבָדֶיךָ אֶת־שֵׂיבַת עַבְדְּךָ אָבִינוּ

בְּיָגוֹן שְׁאֹלָה[4].

ל"ב   כִּי עַבְדְּךָ עָרַב[5] אֶת־הַנַּעַר מֵעִם אָבִי לֵאמֹר:

'אִם־לֹא אֲבִיאֶנּוּ[6] אֵלֶיךָ

וְחָטָאתִי[7] לְאָבִי כָּל־הַיָּמִים.'

ל"ג   וְעַתָּה יֵשֶׁב־נָא עַבְדְּךָ תַּחַת[8] הַנַּעַר עֶבֶד לַאדֹנִי,

וְהַנַּעַר יַעַל עִם־אֶחָיו.

ל"ד   כִּי־אֵיךְ אֶעֱלֶה[9] אֶל־אָבִי

וְהַנַּעַר אֵינֶנּוּ אִתִּי,

פֶּן אֶרְאֶה[10] בָרָע אֲשֶׁר יִמְצָא אֶת־אָבִי."

---

1 **כְּבֹאִי** (ב-ו-א): כַּאֲשֶׁר אֲנִי אָבוֹא

2 **וְנַפְשׁוֹ קְשׁוּרָה בְנַפְשׁוֹ:**
his life is connect to his life

3 **וְהָיָה כִּרְאוֹתוֹ** (ר-א-ה): אִם הוּא יִרְאֶה

4 **וְהוֹרִידוּ עֲבָדֶיךָ אֶת־שֵׂיבַת עַבְדְּךָ אָבִינוּ בְּיָגוֹן שְׁאֹלָה:** בִּגְלָלֵנוּ הוּא יָמוּת
(בְּיָגוֹן: in sorrow)

5 **כִּי עַבְדְּךָ עָרַב: אֲנִי אַחְרָאִי**
I'm responsible for him with my life

6 **אֲבִיאֶנּוּ** (ב-ו-א): אֲנִי אָבִיא אוֹתוֹ
I will bring him

7 **וְחָטָאתִי:** I will have sinned

8 **תַּחַת:** בִּמְקוֹם

9 **אֶעֱלֶה:** אֶחְזֹר

10 **פֶּן אֶרְאֶה:** lest I see

יְהוּדָה מַזְכִּיר לְיוֹסֵף מָה קָרָה לָהֶם בְּמִצְרַיִם

פֶּרֶק מ"ד פְּסוּקִים י"ח–כ"ג

בְּבַקָּשָׁה:

1 **סַמְּנוּ** בְּעַמּוּד 58 בְּצֶבַע יָרֹק אֶת הַמִּלָּה **אֲדֹנִי**.

זֶה הַכִּנּוּי שֶׁל ____________ . ■ סַךְ הַכֹּל ____ פְּעָמִים

2 **סַמְּנוּ** בְּצֶבַע כָּחֹל אֶת הַמִּלִּים מִן הַשֹּׁרֶשׁ **ע-ב-ד**.

עבד☐ הוּא הַכִּנּוּי לִיהוּדָה וּלְיַעֲקֹב.

עבד☐☐ הוּא הַכִּנּוּי לָאַחִים. ■ סַךְ הַכֹּל ____ פְּעָמִים

3 **סַמְּנוּ** בְּצֶבַע צָהֹב אֶת הַמִּלִּים שֶׁיֵּשׁ בָּהֶן **אָב**. ■ סַךְ הַכֹּל ____ פְּעָמִים

4 **סַמְּנוּ** בְּצֶבַע וָרֹד אֶת כָּל הַכִּנּוּיִים שֶׁל בִּנְיָמִין.

הַכִּנּוּיִים הֵם: ________________________________

________________________ ■ סַךְ הַכֹּל ____ פְּעָמִים

5 **סַכְּמוּ:** כַּמָּה פְּעָמִים מוֹפִיעוֹת הַמִּלִּים (בְּצוּרוֹת (forms) שׁוֹנוֹת):

אָדוֹן	עֶבֶד	אָב	הַכִּנּוּיִים שֶׁל בִּנְיָמִין

6 לָמָּה יְהוּדָה חוֹזֵר עַל הַמִּלִּים "**עֶבֶד**" וְ"**אָדוֹן**", לְדַעְתְּכֶם?

____

____

7 לָמָּה יְהוּדָה חוֹזֵר עַל הַמִּלָּה "**אָב**" וְעַל הַכִּנּוּיִים שֶׁל בִּנְיָמִין, לְדַעְתְּכֶם?

____

____

8 אִם בִּנְיָמִין עוֹזֵב – מָה יִקְרֶה לָאָב? **כִּתְבוּ** בִּלְשׁוֹנְנוּ:

____

____

(already)

9 לָמָּה יְהוּדָה מְסַפֵּר לְיוֹסֵף אֶת מָה שֶׁהוּא כְּבָר יוֹדֵעַ, לְדַעְתְּכֶם?

כְּדֵי ______________________________

____

10 אֵיךְ יוֹסֵף מַרְגִּישׁ כַּאֲשֶׁר הוּא שׁוֹמֵעַ אֶת זֶה, לְדַעְתְּכֶם?

____

____

קְבוּצָה 2

יְהוּדָה מְסַפֵּר לְיוֹסֵף עַל מָה דִּבְּרוּ הָאַחִים עִם אֲבִיהֶם

פֶּרֶק מ"ד פְּסוּקִים כ"ד–כ"ט

בְּבַקָּשָׁה:

1 **סַמְּנוּ** בְּעַמּוּד 59 בְּצֶבַע יָרֹק אֶת הַמִּלָּה **אֲדֹנִי**.

זֶה הַכִּנּוּי שֶׁל ______________ . ■ סַךְ הַכֹּל ____ פְּעָמִים

2 **סַמְּנוּ** בְּצֶבַע כָּחֹל אֶת הַמִּלִּים מִן הַשֹּׁרֶשׁ **ע-ב-ד**.

עבד ☐ הוּא הַכִּנּוּי לִיהוּדָה וּלְיַעֲקֹב ■ סַךְ הַכֹּל ____ פְּעָמִים

3 **סַמְּנוּ** בְּצֶבַע צָהֹב אֶת הַמִּלִּים שֶׁיֵּשׁ בָּהֶן **אָב**. ■ סַךְ הַכֹּל ____ פְּעָמִים

4 **סַמְּנוּ** בְּצֶבַע וָרֹד אֶת כָּל הַכִּנּוּיִים שֶׁל בִּנְיָמִין.

הַכִּנּוּיִים הֵם: ______________________________

■ סַךְ הַכֹּל ____ פְּעָמִים

5 **סַכְּמוּ:** כַּמָּה פְּעָמִים מוֹפִיעוֹת הַמִּלִּים (בְּצוּרוֹת שׁוֹנוֹת) (forms):

אָדוֹן	עֶבֶד	אָב	הַכִּנּוּיִים שֶׁל בִּנְיָמִין

6 לָמָּה יְהוּדָה חוֹזֵר עַל הַמִּלִּים "**עֶבֶד**" וְ"**אָדוֹן**", לְדַעְתְּכֶם?

7 לָמָּה יְהוּדָה חוֹזֵר עַל הַמִּלָּה "**אָב**" וְעַל הַכִּנּוּיִים שֶׁל בִּנְיָמִין, לְדַעְתְּכֶם?

8 אִם בִּנְיָמִין לֹא חוֹזֵר - מָה יִקְרֶה לָאָב? **כִּתְבוּ** בִּלְשׁוֹנֵנוּ:

9 לָמָּה יְהוּדָה מְסַפֵּר לְיוֹסֵף אֶת הַשִּׂיחָה עִם אֲבִיהֶם, לְדַעְתְּכֶם?

כְּדֵי

10 אֵיךְ יוֹסֵף מַרְגִּישׁ כַּאֲשֶׁר הוּא שׁוֹמֵעַ אֶת זֶה, לְדַעְתְּכֶם?

יְהוּדָה אוֹמֵר לְיוֹסֵף מָה יִקְרֶה

פֶּרֶק מ״ד פְּסוּקִים ל׳-ל״ד

בְּבַקָּשָׁה:

1 **סַמְּנוּ** בְּעַמּוּד 60 בְּצֶבַע יָרֹק אֶת הַמִּלָּה **אֲדֹנִי**.

זֶה הַכִּנּוּי שֶׁל ______________ . ■ סַךְ הַכֹּל ____ פְּעָמִים

2 **סַמְּנוּ** בְּצֶבַע כָּחֹל אֶת הַמִּלִּים מִן הַשֹּׁרֶשׁ **ע-ב-ד**.

עבד☐ הוּא הַכִּנּוּי לִיהוּדָה וּלְיַעֲקֹב.

עבד☐☐ הוּא הַכִּנּוּי לָאַחִים. ■ סַךְ הַכֹּל ____ פְּעָמִים

3 **סַמְּנוּ** בְּצֶבַע צָהֹב אֶת הַמִּלִּים שֶׁיֵּשׁ בָּהֶן **אָב**. ■ סַךְ הַכֹּל ____ פְּעָמִים

4 **סַמְּנוּ** בְּצֶבַע וָרֹד אֶת כָּל הַכִּנּוּיִים שֶׁל בִּנְיָמִין.

הַכִּנּוּיִים הֵם: ______________________________

______________________ ■ סַךְ הַכֹּל ____ פְּעָמִים

5 **סַכְּמוּ:** כַּמָּה פְּעָמִים מוֹפִיעוֹת הַמִּלִּים (בְּצוּרוֹת שׁוֹנוֹת) (forms):

אָדוֹן	עֶבֶד	אָב	הַכִּנּוּיִים שֶׁל בִּנְיָמִין

6 לָמָּה יְהוּדָה חוֹזֵר עַל הַמִּלִּים "**עֶבֶד**" וְ"**אָדוֹן**", לְדַעְתְּכֶם?

7 לָמָּה יְהוּדָה חוֹזֵר עַל הַמִּלָּה "**אָב**" וְעַל הַכִּנּוּיִים "**נַעַר**", לְדַעְתְּכֶם?

8 אִם בִּנְיָמִין לֹא חוֹזֵר - מָה יִקְרֶה לָאָב? **כִּתְבוּ** בִּלְשׁוֹנֵנוּ:

9 לָמָּה יְהוּדָה מְסַפֵּר לְיוֹסֵף עַל הַשִּׂיחָה שֶׁלּוֹ עִם אָבִיו, לְדַעְתְּכֶם?

כְּדֵי

10 אֵיךְ יוֹסֵף מַרְגִּישׁ כַּאֲשֶׁר הוּא שׁוֹמֵעַ אֶת זֶה, לְדַעְתְּכֶם?

סִכּוּם הָעֲבוֹדָה בִּקְבוּצוֹת

1 הַשְׁלִימוּ:

כַּמָּה פְּעָמִים מוֹפִיעַ?	קְבוּצָה א׳ פְּסוּקִים י״ח-כ״ג	קְבוּצָה ב׳ פְּסוּקִים כ״ד-כ״ט	קְבוּצָה ג׳ פְּסוּקִים ל׳-ל״ד	בְּסַךְ הַכֹּל
אָדוֹן (בְּצוּרוֹת שׁוֹנוֹת)	______	______	______	___ פְּעָמִים
עֶבֶד (בְּצוּרוֹת שׁוֹנוֹת)	______	______	______	___ פְּעָמִים
אָב (בְּצוּרוֹת שׁוֹנוֹת)	______	______	______	___ פְּעָמִים
הַכִּנּוּיִים שֶׁל בִּנְיָמִין	______	______	______	___ פְּעָמִים

2 יְהוּדָה קוֹרֵא לְיוֹסֵף ☐ וְלָאַחִים ☐ כִּי ______

______

3 הַכִּנּוּיִים שֶׁל בִּנְיָמִין הֵם: ______

______

3א. מָה יְהוּדָה רוֹצֶה שֶׁ״הָאִישׁ״ יַרְגִּישׁ? ______

______

4 בִּפְסוּקִים כ״ב, כ״ט, ל״א, ל״ד יְהוּדָה חוֹזֵר עַל אוֹתוֹ רַעְיוֹן (idea). הָרַעְיוֹן הוּא:

אִם ______

אָז ______

5 מָה יְהוּדָה רוֹצֶה מֵ״הָאִישׁ״? ______

______

יְהוּדָה מְסַיֵּם אֶת הַנְּאוּם

פֶּרֶק מ"ד פְּסוּקִים ל"ב-ל"ד

ל"ב "כִּי עַבְדְּךָ עָרַב[1] אֶת-הַנַּעַר מֵעִם אָבִי לֵאמֹר:
'אִם-לֹא אֲבִיאֶנּוּ אֵלֶיךָ
וְחָטָאתִי לְאָבִי כָּל-הַיָּמִים.'

ל"ג וְעַתָּה יֵשֶׁב-נָא עַבְדְּךָ תַּחַת[2] הַנַּעַר עֶבֶד לַאדֹנִי,
וְהַנַּעַר יַעַל[3] עִם-אֶחָיו.

ל"ד כִּי-אֵיךְ אֶעֱלֶה[4] אֶל-אָבִי
וְהַנַּעַר אֵינֶנּוּ אִתִּי,
פֶּן אֶרְאֶה[5] בָרָע אֲשֶׁר יִמְצָא אֶת-אָבִי."

1 **עָרַב:** אֲנִי אַחְרַאי
2 **תַּחַת:** בִּמְקוֹם
3 **יַעַל** (ע-ל-ה): יַעֲלֶה
4 **אֶעֱלֶה:** אֶחְזֹר
5 **פֶּן אֶרְאֶה:** lest I see

בְּעִקְבוֹת הַכָּתוּב בַּתּוֹרָה (פְּסוּקִים ל"ב-ל"ד)

בְּבַקָּשָׁה:

1 **סַמְּנוּ** בְּצֶבַע צָהֹב אֶת הַמִּלָּה "**אָבִי**".

1א. הַמִּלָּה חוֹזֶרֶת ______ פְּעָמִים

כִּי ______________________________

____

(responsible for)

2 אֵיךְ כָּתוּב שֶׁיְּהוּדָה אַחְרַאי עַל בִּנְיָמִין?

"______________________________"

(פָּסוּק ______)

3 מָה יְהוּדָה מְבַקֵּשׁ מִיּוֹסֵף? **כִּתְבוּ** בִּלְשׁוֹנֵנוּ. (פָּסוּק ל"ג)

____

____

____

4 סַמְּנוּ בְּצֶבַע בְּצָהֹב אֶת הַמִּלִּים הַדּוֹמוֹת.

יְהוּדָה מַבְטִיחַ לְיַעֲקֹב

אָנֹכִי אֶעֶרְבֶנּוּ מִיָּדִי תְּבַקְשֶׁנּוּ
אִם-לֹא הֲבִיאֹתִיו אֵלֶיךָ וְהִצַּגְתִּיו לְפָנֶיךָ
וְחָטָאתִי לְךָ כָּל-הַיָּמִים.

(פֶּרֶק מ"ג פָּסוּק ט')

יְהוּדָה אוֹמֵר לְיוֹסֵף

כִּי עַבְדְּךָ עָרַב אֶת-הַנַּעַר מֵעִם אָבִי לֵאמֹר
אִם-לֹא אֲבִיאֶנּוּ אֵלֶיךָ
וְחָטָאתִי לְאָבִי כָּל-הַיָּמִים.

(פֶּרֶק מ"ד פָּסוּק ל"ב)

4א. מָה לוֹמְדִים עַל יְהוּדָה מֵהַמִּלִּים הַדּוֹמוֹת?

_____

_____

5 בְּפֶרֶק ל"ז פְּסוּקִים כ"ו-כ"ז, **עַל יַד הַבּוֹר**, יְהוּדָה אוֹמֵר עַל יוֹסֵף:

מַה-בֶּצַע כִּי נַהֲרֹג אֶת-אָחִינוּ וְכִסִּינוּ אֶת-דָּמוֹ.
לְכוּ וְנִמְכְּרֶנּוּ לַיִּשְׁמְעֵאלִים וְיָדֵנוּ אַל-תְּהִי-בוֹ...

בְּפֶרֶק מ"ד פָּסוּק ל"ג, **בְּמִצְרַיִם**, יְהוּדָה אוֹמֵר עַל בִּנְיָמִין:

וְעַתָּה יֵשֶׁב-נָא עַבְדְּךָ תַּחַת הַנַּעַר עֶבֶד לַאדֹנִי,
וְהַנַּעַר יַעַל עִם-אֶחָיו.
(changed)

• יְהוּדָה הִשְׁתַּנָּה אוֹ לֹא הִשְׁתַּנָּה, לְדַעְתְּכֶם? **הַסְבִּירוּ.**

_____

_____

(that really affected you)

6 **מָה הֵן הַמִּלִּים שֶׁנָּגְעוּ לְלִבְּכֶם בַּנְּאוּם שֶׁל יְהוּדָה?** (פְּסוּקִים י"ח-ל"ד)

יוֹסֵף כּוֹתֵב בְּיוֹמָנוֹ

(מָה חָשַׁבְתִּי... מָה הִרְגַּשְׁתִּי... לָמָּה בָּכִיתִי...)

(I listened)

הִקְשַׁבְתִּי לְכָל דְּבָרָיו שֶׁל יְהוּדָה

(makes himself kmown)

יוֹסֵף מִתְוַדֵּעַ לְאֶחָיו

פֶּרֶק מ"ה פְּסוּקִים א'-ג'

א' וְלֹא-יָכֹל יוֹסֵף לְהִתְאַפֵּק[1]
לְכֹל הַנִּצָּבִים עָלָיו[2]
וַיִּקְרָא: "הוֹצִיאוּ כָל-אִישׁ מֵעָלָי,"
וְלֹא-עָמַד אִישׁ אִתּוֹ
בְּהִתְוַדַּע[3] יוֹסֵף אֶל-אֶחָיו.

ב' וַיִּתֵּן אֶת-קֹלוֹ בִּבְכִי[4],
וַיִּשְׁמְעוּ מִצְרַיִם
וַיִּשְׁמַע בֵּית פַּרְעֹה.

ג' וַיֹּאמֶר יוֹסֵף אֶל-אֶחָיו:
"אֲנִי יוֹסֵף
הַעוֹד אָבִי חָי?"
וְלֹא-יָכְלוּ אֶחָיו לַעֲנוֹת אֹתוֹ כִּי נִבְהֲלוּ מִפָּנָיו[5].

1 **וְלֹא יָכֹל... לְהִתְאַפֵּק:** לֹא שׁוֹלֵט בָּרְגָשׁוֹת שֶׁלּוֹ he was in control of himself

2 **הַנִּצָּבִים עָלָיו:** הָעוֹמְדִים סְבִיבוֹ

3 **בְּהִתְוַדַּע** (י-ד-ע)**:** כַּאֲשֶׁר הוּא הוֹדִיעַ מִי הוּא when he made himself known

4 **בִּבְכִי** (ב-כ-ה)**:** crying

5 **נִבְהֲלוּ מִפָּנָיו:** פָּחֲדוּ מִמֶּנּוּ

בְּעִקְבוֹת הַכָּתוּב בַּתּוֹרָה (פְּסוּקִים א׳-ג׳)

בְּבַקָּשָׁה:

1 בְּפֶרֶק מ״ה פָּסוּק ב׳ כָּתוּב עַל יוֹסֵף: ״וַיִּתֵּן אֶת-קֹלוֹ בִּבְכִי״.

לָמָּה יוֹסֵף בּוֹכֶה, לְדַעְתְּכֶם?

אוּלַי כִּי יְהוּדָה אָמַר לוֹ: (פֶּרֶק מ״ד פְּסוּקִים כ״ז-ל״ד) ______

______

______

2 אֵיךְ אֲנַחְנוּ יוֹדְעִים שֶׁהַבֶּכִי חָזָק מְאֹד?

כִּי כָּתוּב: ״______

______״ (פָּסוּק ______)

3 לָמָּה **רַק עַכְשָׁו** יוֹסֵף אוֹמֵר ״אֲנִי יוֹסֵף״, לְדַעְתְּכֶם? (פָּסוּק ג׳)

______

______

______

4 מַהִי הַשְּׁאֵלָה הָרִאשׁוֹנָה שֶׁיּוֹסֵף שׁוֹאֵל אֶת הָאַחִים?

_____

4א. מָה לוֹמְדִים מִזֶּה עַל יוֹסֵף? _____

_____

5 אֵיךְ הָאַחִים מְגִיבִים?

_____

6 אַתֶּם הָאַחִים. אַתֶּם פּוֹחֲדִים...

כִּי עַכְשָׁו

_____
_____
_____

כִּי אֲנַחְנוּ חוֹשְׁבִים

_____
_____
_____
_____

כִּי אֲנַחְנוּ זוֹכְרִים

_____
_____
_____

כִּי אֲנַחְנוּ לֹא יוֹדְעִים

_____
_____
_____

יוֹסֵף כּוֹתֵב בְּיוֹמָנוֹ

(I fell apart)

(מָה הִרְגַּשְׁתִּי... מָה הֵבַנְתִּי... עַל מָה חָשַׁבְתִּי... לָמָּה נִשְׁבַּרְתִּי...)

אַחֲרֵי שֶׁיְּהוּדָה דִּבֵּר

יוֹסֵף מְדַבֵּר אֶל הָאַחִים

פֶּרֶק מ״ה פְּסוּקִים ד׳-ט׳

ד׳ וַיֹּאמֶר יוֹסֵף אֶל-אֶחָיו:
״גְּשׁוּ[1]-נָא אֵלַי,״
וַיִּגָּשׁוּ,
וַיֹּאמֶר: ״אֲנִי יוֹסֵף אֲחִיכֶם
אֲשֶׁר-מְכַרְתֶּם[2] אֹתִי מִצְרָיְמָה.

ה׳ וְעַתָּה אַל-תֵּעָצְבוּ[3] וְאַל-יִחַר בְּעֵינֵיכֶם[4]
כִּי-מְכַרְתֶּם אֹתִי הֵנָּה,
כִּי לְמִחְיָה[5] שְׁלָחַנִי[6] אֱ-לֹהִים לִפְנֵיכֶם[7].

ו׳ כִּי-זֶה שְׁנָתַיִם הָרָעָב בְּקֶרֶב הָאָרֶץ[8],
וְעוֹד חָמֵשׁ שָׁנִים אֲשֶׁר אֵין-חָרִישׁ וְקָצִיר[9].

1 **גְּשׁוּ** (נ-ג-ש): בּוֹאוּ קָרוֹב
2 **מְכַרְתֶּם** (מ-כ-ר): you sold
3 **אַל-תֵּעָצְבוּ** (ע-צ-ב): אַל תִּהְיוּ עֲצוּבִים
4 **וְאַל-יִחַר בְּעֵינֵיכֶם:** אַל תִּכְעֲסוּ
don't be angry at yourselves
5 **לְמִחְיָה** (ח-י-ה): לָתֵת חַיִּים
6 **שְׁלָחַנִי** (ש-ל-ח): שָׁלַח אוֹתִי
7 **לִפְנֵיכֶם:** before you
8 **בְּקֶרֶב הָאָרֶץ:** בָּאָרֶץ
9 **אֵין-חָרִישׁ וְקָצִיר:** no plowing, no harvest

ז וַיִּשְׁלָחֵנִי[10] אֱ-לֹהִים לִפְנֵיכֶם
לָשׂוּם לָכֶם שְׁאֵרִית בָּאָרֶץ[11],
וּלְהַחֲיוֹת לָכֶם לִפְלֵיטָה גְּדֹלָה[12].

ח׳ וְעַתָּה לֹא-אַתֶּם שְׁלַחְתֶּם אֹתִי הֵנָּה
כִּי הָאֱ-לֹהִים,
וַיְשִׂימֵנִי[13] לְאָב לְפַרְעֹה וּלְאָדוֹן לְכָל-בֵּיתוֹ
וּמשֵׁל בְּכָל-אֶרֶץ מִצְרָיִם.

ט מַהֲרוּ וַעֲלוּ אֶל-אָבִי וַאֲמַרְתֶּם אֵלָיו:
׳כֹּה אָמַר בִּנְךָ יוֹסֵף
שָׂמַנִי אֱ-לֹהִים לְאָדוֹן לְכָל-מִצְרָיִם,
רְדָה[14] אֵלַי אַל-תַּעֲמֹד[15]׳.״

10 **וַיִּשְׁלָחֵנִי** (ש-ל-ח): הוּא שָׁלַח אוֹתִי
11 **לָשׂוּם לָכֶם שְׁאֵרִית בָּאָרֶץ:** שֶׁתַּמְשִׁיכוּ לִחְיוֹת
12 **וּלְהַחֲיוֹת לָכֶם לִפְלֵיטָה גְּדֹלָה:**
so that there would be survivors
13 **וַיְשִׂימֵנִי:** שָׂם אוֹתִי
14 **רְדָה** (י-ר-ד): רֵד
15 **אַל-תַּעֲמֹד:** אַל תַּעֲצֹר

בְּעִקְבוֹת הַכָּתוּב בַּתּוֹרָה (פְּסוּקִים ד׳-ט׳)

בְּבַקָּשָׁה:

1 מִי מְדַבֵּר אֶל מִי? ________________

2 **סַמְּנוּ** בְּעַמּוּדִים 76–77 בְּצֶבַע **צָהֹב** אֶת הַמְּקוֹמוֹת שֶׁכָּתוּב בָּהֶם "אֱ-לֹהִים".

3 **סַמְּנוּ** בְּצֶבַע **יָרֹק** מִלִּים מֵהַשֹּׁרֶשׁ **ש-ל-ח**.

3א. **לְפִי יוֹסֵף:** (פְּסוּקִים ז׳-ח׳)

- מִי שָׁלַח אוֹתוֹ לְמִצְרַיִם? ________________
- לָמָּה? ________________

____

4 **סַמְּנוּ** בְּצֶבַע **וָרֹד** אֶת הַמִּלָּה "לָשׂוּם" (לָשִׂים).

4א. לְפִי יוֹסֵף:

- מִי "שָׂם" אוֹתוֹ לְמוֹשֵׁל עַל מִצְרַיִם? ________________ (פָּסוּק ח׳)
- מָה עַל הָאַחִים לְסַפֵּר לְיַעֲקֹב? "________________

________________" (פָּסוּק ט׳)

4ב. לָמָּה יוֹסֵף חוֹזֵר פַּעֲמַיִם עַל "שָׂמַנִי אֱ-לֹהִים", לְדַעְתְּכֶם?

____

____

5 מָה יוֹסֵף אוֹמֵר לָאַחִים לְבַקֵּשׁ מִיַּעֲקֹב?

______________________ (פָּסוּק ______)

6 **נְסַכֵּם**

לְפִי הַסִּפּוּר: (פֶּרֶק ל"ז פָּסוּק כ"ח)

- יוֹסֵף בְּמִצְרַיִם כִּי ______________________

לְפִי יוֹסֵף: (פֶּרֶק מ"ה פְּסוּקִים ד'-ט')

- הוּא בְּמִצְרַיִם כִּי ______________________
- אֱ-לֹהִים שָׂם אֶת יוֹסֵף לְ______________ בְּכָל אֶרֶץ מִצְרַיִם

כְּדֵי ______________________

(responsible)

6א. לְפִי יוֹסֵף, מִי אַחְרַאי לְכָךְ שֶׁהוּא בְּמִצְרַיִם?

____

(meeting)

7 אַתֶּם אַחַד הָאַחִים. סַפְּרוּ לְיַעֲקֹב עַל הַפְּגִישָׁה עִם יוֹסֵף.

____

____

____

____

לַחְשֹׁב... לִשְׁאֹל... לְהַבִּיעַ דֵּעָה... (פְּסוּקִים ד׳-ט׳)

1 **סַמְּנוּ** בְּצֶבַע וָרֹד אֶת הַשֹּׁרֶשׁ הַחוֹזֵר בִּשְׁנֵי הַפְּסוּקִים.

בְּפֶרֶק ל״ז פָּסוּק ח׳ הָאַחִים שׁוֹאֲלִים אֶת יוֹסֵף אַחֲרֵי הַחֲלוֹם:

הֲמָלֹךְ תִּמְלֹךְ עָלֵינוּ אִם-מָשׁוֹל תִּמְשֹׁל בָּנוּ?

בְּפֶרֶק מ״ה פָּסוּק ח׳ יוֹסֵף אוֹמֵר לְאָחִיו שֶׁאֱ-לֹהִים שָׁלַח אוֹתוֹ:

...וַיְשִׂימֵנִי לְאָב לְפַרְעֹה וּלְאָדוֹן לְכָל-בֵּיתוֹ וּמֹשֵׁל בְּכָל-אֶרֶץ מִצְרָיִם.

1א. הַמִּלָּה הַחוֹזֶרֶת בִּשְׁנֵי הַפְּסוּקִים הִיא: ______________________

1ב. מָה הָאַחִים יוֹדְעִים עַכְשָׁו עַל הַחֲלוֹמוֹת שֶׁל יוֹסֵף?

____

2 שְׁאֵלַת אֶתְגָּר

בְּפֶרֶק ל״ז פְּסוּקִים י״ג-י״ד יַעֲקֹב אוֹמֵר לְיוֹסֵף:

הֲלוֹא אַחֶיךָ רֹעִים בִּשְׁכֶם

לְכָה וְאֶשְׁלָחֲךָ אֲלֵיהֶם...

...לֶךְ-נָא רְאֵה אֶת-שְׁלוֹם אַחֶיךָ... וַיִּשְׁלָחֵהוּ... וַיָּבֹא שְׁכֶמָה.

- **סַמְּנוּ** בְּצֶבַע צָהֹב אֶת הַשֹּׁרֶשׁ הַחוֹזֵר בְּדִבְרֵי יַעֲקֹב.

2א. מִי שׁוֹלֵחַ אֶת יוֹסֵף? **סַכְּמוּ:**

- **בְּפֶרֶק ל"ז פְּסוּקִים י"ג-י"ד:**

_______ שׁוֹלֵחַ אֶת יוֹסֵף כְּדֵי _______

____

- **בְּפֶרֶק מ"ה פְּסוּקִים ד'-ט':**

_______ שׁוֹלֵחַ אֶת יוֹסֵף כְּדֵי _______

____

3 שְׁאֵלַת אֶתְגָּר

לְפִי **פֶּרֶק ל"ז פָּסוּק כ"ח** יוֹסֵף מַגִּיעַ לְמִצְרַיִם כִּי _______

____

לְפִי **פֶּרֶק מ"ה פְּסוּקִים ד'-ט'** יוֹסֵף מַגִּיעַ לְמִצְרַיִם כִּי _______

____

3א. לָמָּה יוֹסֵף מַגִּיעַ לְמִצְרַיִם? **בָּחֲרוּ וְהַסְבִּירוּ.**

- ☐ כִּי אָבִיו שָׁלַח אוֹתוֹ אֶל הָאַחִים וְהֵם מָכְרוּ אוֹתוֹ.
- ☐ כִּי אֱ-לֹהִים שָׁלַח אוֹתוֹ.
- ☐ גַּם זֶה וְגַם זֶה.

____

____

יוֹסֵף וּבִנְיָמִין

פֶּרֶק מ״ה פְּסוּקִים י״ד-ט״ו

1 **וַיִּפֹּל** (נ-פ-ל): הוּא נָפַל
2 **צַוְּארֵי**: הַצַּוָּאר שֶׁל... neck of
3 **צַוָּארָיו**: הַצַּוָּאר שֶׁלּוֹ
4 **וַיְנַשֵּׁק** (נ-ש-ק): הוּא נָתַן נְשִׁיקָה

י״ד וַיִּפֹּל[1] עַל-צַוְּארֵי[2] בִנְיָמִן-אָחִיו
וַיֵּבְךְּ,
וּבִנְיָמִן בָּכָה עַל-צַוָּארָיו[3].

ט״ו וַיְנַשֵּׁק[4] לְכָל-אֶחָיו
וַיֵּבְךְּ עֲלֵהֶם,
וְאַחֲרֵי כֵן דִּבְּרוּ אֶחָיו אִתּוֹ.

בְּעִקְבוֹת הַכָּתוּב בַּתּוֹרָה (פְּסוּקִים ד׳-ט׳)

בְּבַקָּשָׁה:

1 **סַמְּנוּ** בְּצֶבַע יָרֹק אֶת הַפְּעָלִים הַמַּתְחִילִים בְּ"וַי"

(active)

1א. מִי הוּא הַפָּעִיל? ______

2 **הַקִּיפוּ** בְּמַעְגָּל אֶת הַמִּלִּים מִן הַשֹּׁרֶשׁ **ב-כ-ה.**

3 מִי בּוֹכֶה? ______ וְ ______

4 בַּסּוֹף, הָאַחִים מְדַבְּרִים עִם יוֹסֵף (פָּסוּק ט"ז).

(use our imaginations)

לֹא כָּתוּב מָה הֵם אוֹמְרִים לוֹ. נַשְׁלִים מִן הַדִּמְיוֹן.

אַתֶּם **רְאוּבֵן.** מָה אַתֶּם אוֹמְרִים לְיוֹסֵף?

______

______

______

______

אַתֶּם יְהוּדָה. מָה אַתֶּם אוֹמְרִים לְיוֹסֵף?

_____

_____

_____

_____

אַתֶּם בִּנְיָמִין. מָה אַתֶּם אוֹמְרִים לְיוֹסֵף?

_____

_____

_____

_____

אַתֶּם אַחַד הָאַחִים. מָה אַתֶּם אוֹמְרִים לְיוֹסֵף?

_____

_____

_____

_____

פָּרָשַׁת וַיְחִי

הַבְּרָכוֹת לַבָּנִים שֶׁל יוֹסֵף

פֶּרֶק מ״ח פְּסוּקִים ט״ו-ט״ז

ט״ו וַיְבָרֶךְ אֶת-יוֹסֵף וַיֹּאמַר:
״ הָאֱ-לֹהִים אֲשֶׁר הִתְהַלְּכוּ אֲבֹתַי לְפָנָיו
אַבְרָהָם וְיִצְחָק
הָאֱ-לֹהִים הָרֹעֶה אֹתִי[1] מֵעוֹדִי[2] עַד-הַיּוֹם הַזֶּה.

ט״ז הַמַּלְאָךְ הַגֹּאֵל[3] אֹתִי מִכָּל-רָע
יְבָרֵךְ אֶת-הַנְּעָרִים
וְיִקָּרֵא בָהֶם שְׁמִי[4] וְשֵׁם אֲבֹתַי אַבְרָהָם וְיִצְחָק,
וְיִדְגּוּ לָרֹב[5] בְּקֶרֶב הָאָרֶץ.״

1 **הָרֹעֶה אֹתִי:** who has shepherded me
2 **מֵעוֹדִי:** כָּל הַחַיִּים שֶׁלִּי
3 **הַגֹּאֵל:** הַמַּצִּיל that has saved
4 **וְיִקָּרֵא בָהֶם שְׁמִי:** my name will be remembered through them
5 **וְיִדְגּוּ לָרֹב:** יִהְיוּ רַבִּים כְּמוֹ הַדָּגִים

בְּעִקְבוֹת הַכָּתוּב בַּתּוֹרָה (פְּסוּקִים ט"ו-ט"ז)

בְּבַקָּשָׁה:

1 מִי הוּא הָאֱ-לֹהִים שֶׁמְּבָרֵךְ אֶת הַנְּעָרִים?

סַמְּנוּ בְּעַמּוּד 85 בְּצֶבַע **צָהֹב**. (פְּסוּקִים ט"ו–ט"ז)

2א. הַחֵלֶק הָרִאשׁוֹן שֶׁל הַבְּרָכָה הוּא: (פָּסוּק ט"ז)

____

____

2 אֵיךְ יַעֲקֹב מְתָאֵר אֶת אֱ-לֹהִים?

א. "אֱ-לֹהִים אֲשֶׁר ______________________"

ב. "הָאֱ-לֹהִים הַ______________________"

ג. "הַמַּלְאָךְ הַ______________________"

3 **סַמְּנוּ** בְּצֶבַע **וָרֹד** אֶת הַבְּרָכָה לֶעָתִיד. (פָּסוּק ט"ז)

3א. כִּתְבוּ בִּלְשׁוֹנֵנוּ אֶת הַבְּרָכוֹת.

____

____

יַעֲקֹב מְבָרֵךְ אֶת אֶפְרַיִם וּמְנַשֶּׁה

פֶּרֶק מ"ח פְּסוּקִים י"ז-כ"א

י"ז וַיַּרְא יוֹסֵף כִּי-יָשִׁית[1] אָבִיו יַד-יְמִינוֹ עַל-רֹאשׁ אֶפְרַיִם
וַיֵּרַע[2] בְּעֵינָיו,
וַיִּתְמֹךְ יַד-אָבִיו[3]
לְהָסִיר אֹתָהּ[4] מֵעַל רֹאשׁ-אֶפְרַיִם
עַל-רֹאשׁ מְנַשֶּׁה.

1 **יָשִׁית:** שָׂם
2 **וַיֵּרַע:** הָיָה רַע
3 **וַיִּתְמֹךְ יַד-אָבִיו:** אָחַז בְּיַד אָבִיו
held his father's hand
4 **לְהָסִיר אֹתָהּ:** remove it
5 **וַיְמָאֵן:** he refused
6 **וְאוּלָם:** אֲבָל
7 **מְלֹא:** הַרְבֵּה

י"ח וַיֹּאמֶר יוֹסֵף אֶל-אָבִיו:
"לֹא-כֵן אָבִי,
כִּי-זֶה הַבְּכֹר
שִׂים יְמִינְךָ עַל-רֹאשׁוֹ."

י"ט וַיְמָאֵן[5] אָבִיו וַיֹּאמֶר:
"יָדַעְתִּי בְנִי יָדַעְתִּי,
גַּם-הוּא יִהְיֶה-לְּעָם וְגַם-הוּא יִגְדָּל,
וְאוּלָם[6] אָחִיו הַקָּטֹן יִגְדַּל מִמֶּנּוּ
וְזַרְעוֹ יִהְיֶה מְלֹא[7]-הַגּוֹיִם."

כ' וַיְבָרְכֵם בַּיּוֹם הַהוּא לֵאמוֹר:
"בְּךָ[8] יְבָרֵךְ יִשְׂרָאֵל[9] לֵאמֹר:
'יְשִׂמְךָ[10] אֱ-לֹהִים כְּאֶפְרַיִם וְכִמְנַשֶּׁה',
וַיָּשֶׂם[11] אֶת-אֶפְרַיִם לִפְנֵי מְנַשֶּׁה.

כ"א וַיֹּאמֶר יִשְׂרָאֵל אֶל-יוֹסֵף:
הִנֵּה אָנֹכִי מֵת וְהָיָה אֱ-לֹהִים עִמָּכֶם
וְהֵשִׁיב[12] אֶתְכֶם אֶל-אֶרֶץ אֲבֹתֵיכֶם."

8 **בְּךָ:** through you

9 **יְבָרֵךְ** (ב-ר-כ) **יִשְׂרָאֵל:** עַם יִשְׂרָאֵל will be blessed

10 **יְשִׂמְךָ:** יָשִׂים אוֹתְךָ make you (be like)

11 **וַיָּשֶׂם:** הוּא שָׂם

12 **וְהֵשִׁיב** (ש-ו-ב):

בְּעִקְבוֹת הַכָּתוּב בַּתּוֹרָה (פְּסוּקִים י"ז-כ"א)

בְּבַקָּשָׁה:

1 **סַמְּנוּ** בְּעַמּוּדִים 87–88 בְּצֶבַע יָרֹק אֶת דִּבְרֵי יוֹסֵף.

2 **סַמְּנוּ** בְּצֶבַע כָּחֹל אֶת דִּבְרֵי יַעֲקֹב.

(expects)

3 יוֹסֵף מְצַפֶּה שֶׁיַּעֲקֹב יְבָרֵךְ אֶת: ☐ אֶפְרַיִם ☐ מְנַשֶּׁה

כִּי ______

4 מָה הַדָּבָר הָ"רַע" שֶׁיּוֹסֵף רוֹאֶה?

______

______

(to prevent)

5 מָה יוֹסֵף עוֹשֶׂה כְּדֵי לִמְנֹעַ אֶת זֶה?

______

5א. מָה יוֹסֵף אוֹמֵר לְיַעֲקֹב? (פָּסוּק י"ח)

______

6 לְמִי הַבְּרָכָה: לְאֶפְרַיִם? לִמְנַשֶּׁה?

- גַּם-הוּא יִהְיֶה-לְּעָם ______
- אָחִיו הַקָּטֹן יִגְדַּל מִמֶּנּוּ ______
- וְזַרְעוֹ יִהְיֶה מְלֹא-הַגּוֹיִם ______

7 **נְסַכֵּם:**

- יוֹסֵף רוֹצֶה שֶׁ____________ יְקַבֵּל אֶת הַבְּרָכָה

  כִּי הוּא הָאָח הַ____________ .

- יַעֲקֹב רוֹצֶה שֶׁ____________ יְקַבֵּל אֶת הַבְּרָכָה,

  (even though)
  אַף עַל פִּי שֶׁהוּא הָאָח הַ____________ .

- אֲנַחְנוּ יוֹדְעִים שֶׁאֶפְרַיִם מְקַבֵּל אֶת הַבְּרָכָה שֶׁל הַבְּכוֹר, כִּי כָּתוּב:

"____" (פָּסוּק_____)

8 **כִּתְבוּ** מִתַּחַת לַצִּיּוּר (בְּעַמּוּד 88) אֶת שְׁמוֹת הַבָּנִים שֶׁל יוֹסֵף.

"הֵד" מִסִּפּוּר אַחֵר

9 **בַּסִּפּוּר הַזֶּה:** יַעֲקֹב מְבָרֵךְ אֶת הָאָח ____________ . (הַצָּעִיר/הַבְּכוֹר)

בְּפָרָשַׁת תּוֹלְדוֹת: יִצְחָק מְבָרֵךְ אֶת הָאָח ____________ . (הַצָּעִיר/הַבְּכוֹר)

(in what way)
9א. בְּמָה הַסִּפּוּרִים שׁוֹנִים?

____

____

____

10 בְּפֶרֶק מ"ח פָּסוּק כ"א יַעֲקֹב אוֹמֵר לְיוֹסֵף:

(bring you back)

"הִנֵּה אָנֹכִי מֵת וְהָיָה אֱ-לֹהִים עִמָּכֶם וְהֵשִׁיב אֶתְכֶם אֶל-אֶרֶץ אֲבֹתֵיכֶם."

• אֱ-לֹהִים צָרִיךְ לְהָשִׁיב אוֹתָם אֶל " _____ "

• מָה שֵׁם הַמָּקוֹם? _____ .

11 יַעֲקֹב מְבָרֵךְ אֶת אֶפְרַיִם וְאֶת מְנַשֶּׁה. (פָּסוּק כ')

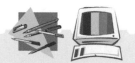

בְּךָ יְבָרֵךְ יִשְׂרָאֵל לֵאמֹר:
"יְשִׂמְךָ אֱ-לֹהִים
כְּאֶפְרַיִם וְכִמְנַשֶּׁה"

לַחְשֹׁב... לִשְׁאֹל... לְהַבִּיעַ דֵּעָה... (פְּסוּקִים י"ז-כ"א)

1

- **סַמְּנוּ** בְּעַמּוּדִים 93–92 בְּצֶבַע צָהֹב אֶת הַמִּלִּים מִן הַשֹּׁרֶשׁ **ש-ו-ב**.
- **סַמְּנוּ** בְּצֶבַע וָרֹד אֶת הַמָּקוֹם הַנִּזְכָּר (mentioned) בְּכָל פָּסוּק.
- **כִּתְבוּ** עַל יַד כָּל מָקוֹם אֵיפֹה הוּא נִמְצָא (is found).

הוּא יָשׁוּב = הוּא יַחְזֹר
הֵם יָשׁוּבוּ = הֵם יַחְזְרוּ

פֶּרֶק כ"ח פָּסוּק ט"ו: אֶ-לֹהִים אוֹמֵר לְיַעֲקֹב

"וְהִנֵּה אָנֹכִי עִמָּךְ
וּשְׁמַרְתִּיךָ בְּכֹל אֲשֶׁר-תֵּלֵךְ
וַהֲשִׁבֹתִיךָ אֶל-הָאֲדָמָה הַזֹּאת ____________________
כִּי לֹא אֶעֱזָבְךָ..."

פֶּרֶק כ"ח פָּסוּק כ"א: יַעֲקֹב נוֹדֵר נֶדֶר

"וְשַׁבְתִּי בְשָׁלוֹם אֶל-בֵּית אָבִי ____________________
וְהָיָה ה' לִי לֵא-לֹהִים."

פֶּרֶק ל"א פָּסוּק י"ג: אֶ-לֹהִים לְיַעֲקֹב

"...עַתָּה קוּם צֵא מִן-הָאָרֶץ הַזֹּאת
וְשׁוּב אֶל-אֶרֶץ מוֹלַדְתֶּךָ." ____________________

פֶּרֶק מ"ח פָּסוּק כ"א: יַעֲקֹב לְיוֹסֵף

"הִנֵּה אָנֹכִי מֵת

וְהָיָה אֱ-לֹהִים עִמָּכֶם

וְהֵשִׁיב אֶתְכֶם אֶל-אֶרֶץ אֲבֹתֵיכֶם."

_____

1א.

אֱ-לֹהִים מַבְטִיחַ לְיַעֲקֹב שֶׁהוּא _____

יַעֲקֹב נוֹדֵר שֶׁהוּא _____

יַעֲקֹב מְבַקֵּשׁ מִיּוֹסֵף וּמִבָּנָיו שֶׁהֵם _____

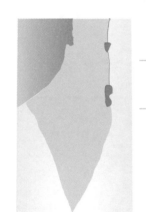

2 מָה הָיָה שֵׁם הָאָרֶץ בַּזְּמַן שֶׁל יַעֲקֹב?   אֶרֶץ _____

2א.   מָה שֵׁם הָאָרֶץ הַזֹּאת הַיּוֹם?   אֶרֶץ _____

(bury me)

3 יַעֲקֹב מְבַקֵּשׁ מִיּוֹסֵף: "וְשָׁכַבְתִּי עִם אֲבֹתַי... וּקְבַרְתַּנִי (קְבֹר אוֹתִי)

... בִּקְבֻרָתָם" (בַּקֶּבֶר שֶׁלָּהֶם). (פֶּרֶק מ"ז פָּסוּק ל')

יַעֲקֹב מְבַקֵּשׁ מִיּוֹסֵף שֶׁיִּקְבֹּר אוֹתוֹ _____

From Yaakov to Ephraim and Menasheh—to Us!

A moment of family closeness every Friday night: After lighting candles and singing "Shalom Aleikhem," and before reciting Kiddush, parents bless their children—no matter how young or old. Parents place their hands on the heads of the children, and bless their sons with the very same words Yaakov used in blessing his grandsons. Daughters receive their own special blessing. Then parents recite the three-fold blessing called "The Priestly Blessing," over all the children. This is a time for hugs and kisses and special attention for each family member.

For sons

*Yesimkha Elohim
Ke-Efrayim v'khiMenasheh.*

**May God make you
like Ephraim and Menasheh.**

יְשִׂמְךָ אֱ-לֹהִים

כְּאֶפְרַיִם וְכִמְנַשֶּׁה

For daughters

*Yesimeikh Elohim
keSarah, Rivkah,
Rachel veLeah.*

**May God make you
like Sarah, Rebecca,
Rachel and Leah.**

יְשִׂמֵךְ אֱ-לֹהִים

כְּשָׂרָה, רִבְקָה

רָחֵל וְלֵאָה

For all children

*Yevarekh'khekha Adonai veyishmerekha.
Ya-er Adonai panav elekha veechuneka.
Yisa Adonai panav elekha
Veyasem lekha shalom.*

**May Adonai bless you and watch over you.
May Adonai show you favor and be gracious to you.
May Adonai show you kindness and grant you peace.**

יְבָרֶכְךָ ה' וְיִשְׁמְרֶךָ

יָאֵר ה' פָּנָיו אֵלֶיךָ וִיחֻנֶּךָּ

יִשָּׂא ה' פָּנָיו אֵלֶיךָ

וְיָשֵׂם לְךָ שָׁלוֹם

יַעֲקֹב מֵת - הָאַחִים פּוֹחֲדִים

פֶּרֶק נ׳ פְּסוּקִים ט״ו-י״ח

1 **לוּ:** what if

2 **יִשְׂטְמֵנוּ:** יִשְׂנָא אוֹתָנוּ

3 **וְהָשֵׁב יָשִׁיב לָנוּ:** he will pay us back

4 **גָּמַלְנוּ אֹתוֹ:** עָשִׂינוּ לוֹ

5 **וַיְצַוּוּ:** they sent this message

6 **שָׂא נָא:** סְלַח בְּבַקָּשָׁה

7 **פֶּשַׁע:** פֶּשַׁע = חֵטְא offense

8 **וְחַטָּאתָם:** וְהַחֵטְא שֶׁלָּהֶם their guilt

ט״ו וַיִּרְאוּ אֲחֵי-יוֹסֵף כִּי-מֵת אֲבִיהֶם
וַיֹּאמְרוּ: "לוּ[1] יִשְׂטְמֵנוּ[2] יוֹסֵף,
וְהָשֵׁב יָשִׁיב לָנוּ[3] אֵת כָּל-הָרָעָה
אֲשֶׁר גָּמַלְנוּ אֹתוֹ[4]."

ט״ז וַיְצַוּוּ[5] אֶל-יוֹסֵף לֵאמֹר:
"אָבִיךָ צִוָּה לִפְנֵי מוֹתוֹ לֵאמֹר:

י״ז 'כֹּה-תֹאמְרוּ לְיוֹסֵף:
אָנָּא שָׂא נָא[6] פֶּשַׁע[7] אַחֶיךָ וְחַטָּאתָם[8]
כִּי-רָעָה גְמָלוּךָ
וְעַתָּה שָׂא נָא לְפֶשַׁע עַבְדֵי אֱ-לֹהֵי אָבִיךָ,'"
וַיֵּבְךְּ יוֹסֵף בְּדַבְּרָם אֵלָיו.

י״ח וַיֵּלְכוּ גַּם-אֶחָיו וַיִּפְּלוּ לְפָנָיו,
וַיֹּאמְרוּ: "הִנֶּנּוּ לְךָ לַעֲבָדִים."

בְּעִקְבוֹת הַכָּתוּב בַּתּוֹרָה (פְּסוּקִים ט"ו-י"ח)

בְּבַקָּשָׁה:

1 **סַמְּנוּ** בְּעַמּוּד 95 בְּצֶבַע כָּחֹל אֶת הַמִּלִּים: **רָעָה**, **חֵטְא** (וְחַטָּאתָם), **פֶּשַׁע**.

1א. מִלִּים אֵלֶּה חוֹזְרוֹת ______ פְּעָמִים.

1ב. מָה הָאַחִים אוֹמְרִים שֶׁהֵם עָשׂוּ? ______ .

1ג. נֶגֶד מִי? ______

2 יַעֲקֹב מֵת. מִמִּי הָאַחִים פּוֹחֲדִים? ______

לָמָּה הֵם פּוֹחֲדִים? ______

______

3 **סַמְּנוּ** קַו מִתַּחַת לְדִבְרֵי יַעֲקֹב, לְפִי הַשְּׁלִיחִים (messengers).

3א. מַהוּ הַבִּטּוּי (expression) הַחוֹזֵר בְּדִבְרֵי יַעֲקֹב?

"______"

3ב. מָה יַעֲקֹב מְבַקֵּשׁ מִיּוֹסֵף?

______

4 הַאִם לְדַעְתְּכֶם יַעֲקֹב בֶּאֱמֶת אָמַר אֶת הַדְּבָרִים הָאֵלֶּה? ☐ כֵּן ☐ לֹא

כִּי ______

______

לַחְשֹׁב... לִשְׁאֹל... לְהַבִּיעַ דֵּעָה... (פְּסוּקִים ט"ו-י"ח)

שְׁאֵלַת אֶתְגָּר

1 הָאַחִים קוֹרְאִים לְעַצְמָם "עַבְדֵי אֱ-לֹהֵי אָבִיךָ" (פָּסוּק י"ז). לָמָּה?

2 זֹאת לֹא הַפַּעַם הָרִאשׁוֹנָה שֶׁיּוֹסֵף בּוֹכֶה. לָמָּה הוּא בּוֹכֶה?

- בְּפֶרֶק מ"ב פְּסוּקִים כ"א-כ"ד: כִּי
- בְּפֶרֶק מ"ג פְּסוּקִים כ"ט-ל': כִּי
- בְּפֶרֶק מ"ה פְּסוּקִים א'-ב': כִּי
- בְּפֶרֶק מ"ה פְּסוּקִים י"ד-ט"ו: כִּי
- בְּפֶרֶק נ' פְּסוּקִים ט"ז-י"ז: כִּי

2א. מָה לוֹמְדִים מִזֶּה?

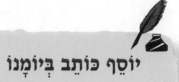

יוֹסֵף כּוֹתֵב בְּיוֹמָנוֹ

(מָה גָּרַם לוֹ לִבְכּוֹת... מָה הִרְגִּישׁ ... מָה חָשַׁב...)

אַבָּא שֶׁלִּי אֵינֶנּוּ ______________________

____

____

____

____

____

____

____

____

____

____

הַתְּשׁוּבָה שֶׁל יוֹסֵף לָאַחִים

פֶּרֶק נ׳ פְּסוּקִים י״ט-כ״א

י״ט וַיֹּאמֶר אֲלֵהֶם יוֹסֵף:
״אַל-תִּירָאוּ,
כִּי הֲתַחַת אֱ-לֹהִים אָנִי[1]?

כ׳ וְאַתֶּם חֲשַׁבְתֶּם[2] עָלַי רָעָה,
אֱ-לֹהִים חֲשָׁבָהּ[3] לְטֹבָה
לְמַעַן עֲשֹׂה[4] כַּיּוֹם הַזֶּה
לְהַחֲיֹת[5] עַם-רָב.

כ״א וְעַתָּה אַל-תִּירָאוּ
אָנֹכִי אֲכַלְכֵּל[6] אֶתְכֶם וְאֶת-טַפְּכֶם[7],״
וַיְנַחֵם[8] אוֹתָם וַיְדַבֵּר עַל-לִבָּם.

1 **הֲתַחַת אֱ-לֹהִים אָנִי:** הַאִם אֲנִי ה׳?
2 **חֲשַׁבְתֶּם** (ח-ש-ב)**:** intended
3 **חֲשָׁבָהּ** (ח-ש-ב)**:** intended it
4 **לְמַעַן עֲשֹׂה** (ע-ש-ה)**:** כְּדֵי לַעֲשׂוֹת
5 **לְהַחֲיֹת:** לָתֵת חַיִּים
6 **אֲכַלְכֵּל** (א-כ-ל)**:** אֶתֵּן אֹכֶל
7 **טַפְּכֶם:** הַיְלָדִים שֶׁלָּכֶם
8 **וַיְנַחֵם:** reassured

בְּעִקְבוֹת הַכָּתוּב בַּתּוֹרָה (פְּסוּקִים י"ט-כ"א)

בְּבַקָּשָׁה:

1 ______ פְּעָמִים יוֹסֵף מַזְכִּיר אֶת אֱ-לֹהִים. **סַמְּנוּ** בְּעַמּוּד 99 בְּצֶבַע צָהֹב.

1א. מָה לוֹמְדִים מִזֶּה עַל יוֹסֵף?

____

____

2 יוֹסֵף אוֹמֵר לָאַחִים "אַל-תִּירָאוּ", מַדּוּעַ?

____

____

3 לְפִי יוֹסֵף, מָה הֵם "הַדְּבָרִים הָרָעִים" שֶׁהָאַחִים חָשְׁבוּ לַעֲשׂוֹת?

____

____

(planned)

4 לְפִי יוֹסֵף, מָה הֵם "הַדְּבָרִים הַטּוֹבִים" שֶׁאֱ-לֹהִים תִּכְנֵן?

____

____

פְּעִילֻיּוֹת לְסִכּוּם סֵפֶר בְּרֵאשִׁית

בְּסֵפֶר בְּרֵאשִׁית פָּגַשְׁנוּ אֶת הַדְּמֻיּוֹת הָאֵלֶּה: אָדָם, חַוָּה, נֹחַ, אַבְרָהָם, שָׂרָה, הָגָר, יִשְׁמָעֵאל, יִצְחָק, עֵשָׂו, יַעֲקֹב, רָחֵל, לֵאָה, יוֹסֵף, רְאוּבֵן, יְהוּדָה וֶאֱ-לֹהִים...

בַּחֲרוּ:

בַּחֲרוּ 3 דְּמֻיּוֹת.

(that show)

צַיְּרוּ תְּמוּנָה אוֹ סֵמֶל שֶׁמַּרְאִים

(the connection)

אֶת הַקֶּשֶׁר בֵּין הַדְּמוּת לְבֵין הָאָרֶץ.

כִּתְבוּ אֶת הַמִּסְפָּרִים שֶׁל הַפְּרָקִים וְהַפְּסוּקִים.

בַּחֲרוּ 3 דְּמֻיּוֹת.

כִּתְבוּ מִלָּה מַתְאִימָה וְצַיְּרוּ לוֹגוֹ מַתְאִים לְכָל אַחַת מֵהַדְּמֻיּוֹת.

הַסְבִּירוּ לָמָּה בְּחַרְתֶּם כָּךְ.

בַּחֲרוּ 3 דְּמֻיּוֹת.

הָכִינוּ מַתָּנָה לְכָל אַחַת מֵהַדְּמֻיּוֹת

אוֹ **צַיְּרוּ** אוֹתָהּ.

הַסְבִּירוּ לָמָּה בְּחַרְתֶּם בְּמַתָּנָה זוֹ.

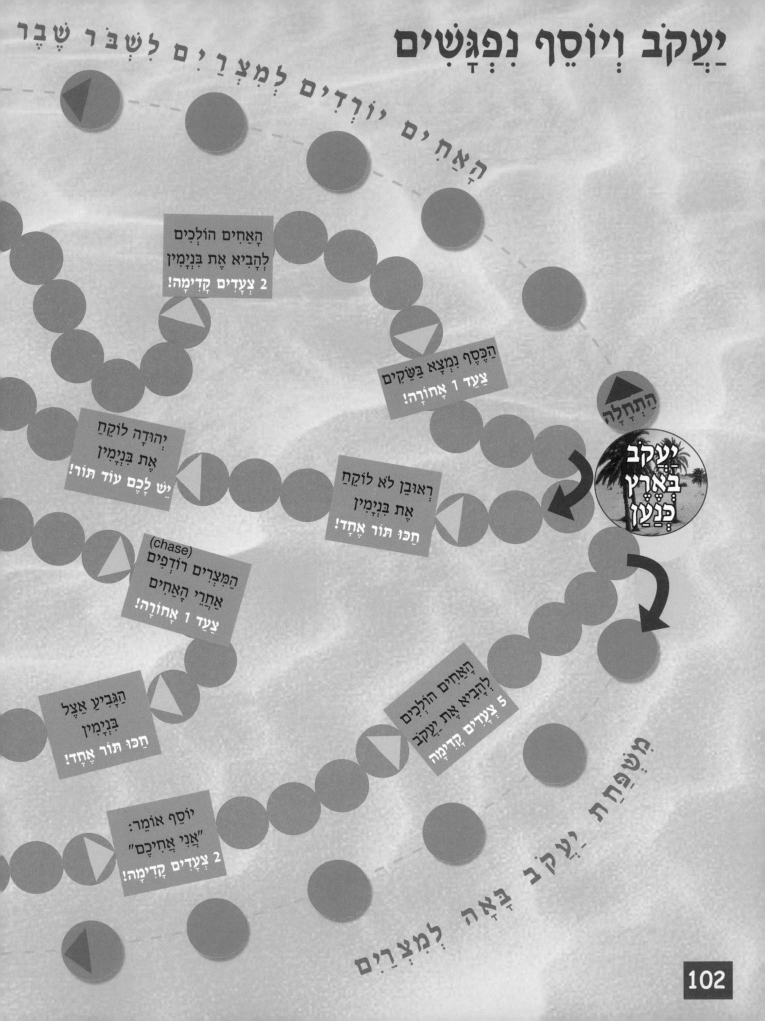

יַעֲקֹב וְיוֹסֵף נִפְגָּשִׁים

הָאַחִים יוֹרְדִים לְמִצְרַיִם לִשְׁבֹּר שֶׁבֶר

התחלה

יַעֲקֹב בְּאֶרֶץ כְּנַעַן

הָאַחִים הוֹלְכִים
לְהָבִיא אֶת בִּנְיָמִין
2 צְעָדִים קָדִימָה!

הַכֶּסֶף נִמְצָא בַּשַּׂקִּים
צַעַד 1 אֲחוֹרָה!

יְהוּדָה לוֹקֵחַ
אֶת בִּנְיָמִין
יֵשׁ לָכֶם עוֹד תּוֹר!

רְאוּבֵן לֹא לוֹקֵחַ
אֶת בִּנְיָמִין
חַכּוּ תּוֹר אֶחָד!

הַמִּצְרִים רוֹדְפִים (chase)
אַחֲרֵי הָאַחִים
צַעַד 1 אֲחוֹרָה!

הַגָּבִיעַ אֵצֶל
בִּנְיָמִין
חַכּוּ תּוֹר אֶחָד!

הָאַחִים הוֹלְכִים
לְהָבִיא אֶת יַעֲקֹב
5 צְעָדִים קָדִימָה

יוֹסֵף אוֹמֵר:
"אֲנִי אֲחִיכֶם"
2 צְעָדִים קָדִימָה!

מִשְׁפַּחַת יַעֲקֹב בָּאָה לְמִצְרַיִם

102

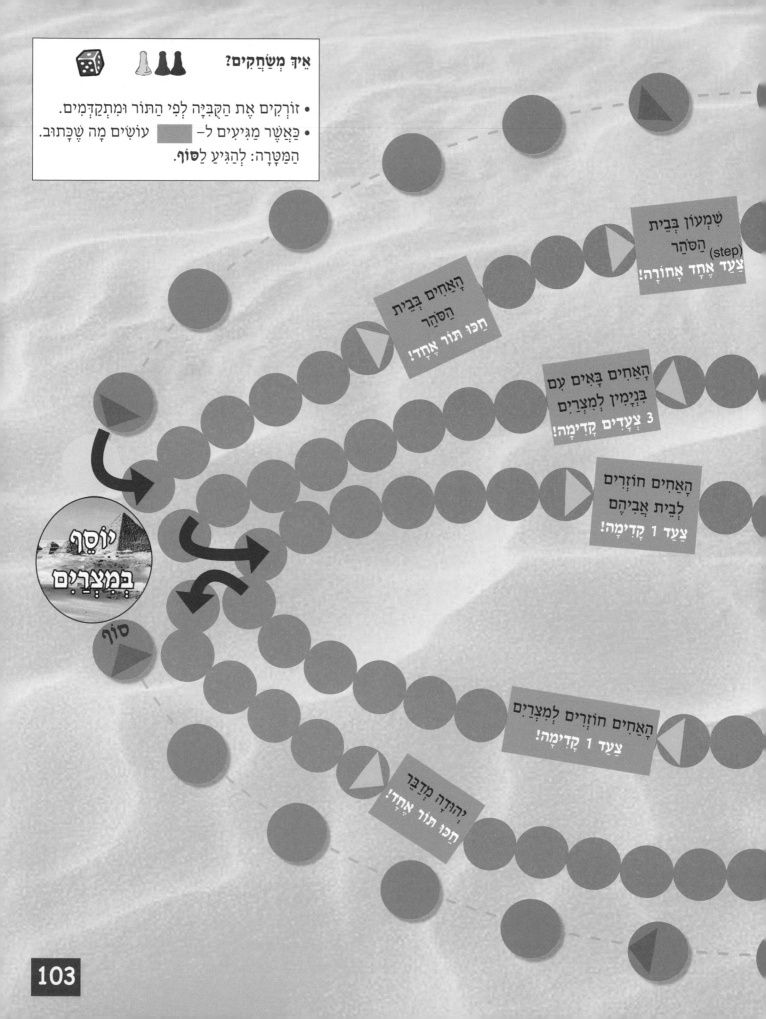

אֵיךְ מְשַׂחֲקִים?

• זוֹרְקִים אֶת הַקֻּבִּיָּה לְפִי הַתּוֹר וּמִתְקַדְּמִים.
• כַּאֲשֶׁר מַגִּיעִים לְ– ▨ עוֹשִׂים מָה שֶׁכָּתוּב.
  הַמַּטָּרָה: לְהַגִּיעַ לַ**סּוֹף**.

שִׁמְעוֹן בְּבֵית הַסֹּהַר
(step)
צַעַד אֶחָד אֲחוֹרָה!

הָאַחִים בְּבֵית הַסֹּהַר
חַכּוּ תּוֹר אֶחָד!

הָאַחִים בָּאִים עִם בִּנְיָמִין לְמִצְרַיִם
3 צְעָדִים קָדִימָה!

הָאַחִים חוֹזְרִים לְבֵית אֲבִיהֶם
צַעַד 1 קָדִימָה!

הָאַחִים חוֹזְרִים לְמִצְרַיִם
צַעַד 1 קָדִימָה!

יְהוּדָה מְדַבֵּר
חַכּוּ תּוֹר אֶחָד!

יוֹסֵף בְּמִצְרַיִם

סוֹף

כִּתְבוּ שִׁיר שֶׁאַחַת הַדְּמֻיּוֹת כּוֹתֶבֶת לַיְלָדִים שֶׁלָּהּ.
הַשִּׁיר מְסַפֵּר עַל הַחַיִּים שֶׁל הַדְּמוּת.

כִּתְבוּ דוּ-שִׂיחַ בֵּין שְׁתֵּי דְּמֻיּוֹת עַל אֱ-לֹהִים.

(לְדֻגְמָה: אָדָם וְנֹחַ... אַבְרָהָם וְרִבְקָה...
שָׂרָה וְרִבְקָה... חַוָּה וְהָגָר.)

כִּתְבוּ מַחֲזֶה קָצָר: 4 הָאִמָּהוֹת (שָׂרָה, רִבְקָה, לֵאָה וְרָחֵל) יוֹשְׁבוֹת לִשְׁתּוֹת תֵּה וּמְדַבְּרוֹת עַל בַּעֲלֵיהֶן וְעַל בְּנֵיהֶן. (לְפָחוֹת 3 מִשְׁפָּטִים לְכָל דְּמוּת.)

כִּתְבוּ מָה לְמַדְתֶּם עַל אֱ-לֹהִים מֵהַסִּפּוּרִים הַשּׁוֹנִים.

(לְדֻגְמָה: הַסִּפּוּר עַל הַבְּרִיאָה... הַסִּפּוּר עַל נֹחַ... הַסִּפּוּר עַל אַבְרָהָם...
הַסִּפּוּר עַל רִבְקָה... סִפּוּר יַעֲקֹב... סִפּוּר יוֹסֵף...)

(beginnings)
סֵפֶר בְּרֵאשִׁית הוּא סֵפֶר שֶׁל **הַתְחָלוֹת**

(לְדֻגְמָה: בְּרִיאַת הָעוֹלָם.)

הָכִינוּ כְּרִיכָה לַחֻמָּשׁ שֶׁלָּכֶם **וְצַיְּרוּ** עָלֶיהָ אֶת הַ"**הַתְחָלוֹת**" שֶׁל סֵפֶר בְּרֵאשִׁית.